Themen neu

Lehrwerk für Deutsch als Fremdsprache

Kursbuch 1

von
Hartmut Aufderstraße
Heiko Bock
Mechthild Gerdes
Jutta Müller
und Helmut Müller

Max Hueber Verlag

Piktogramme

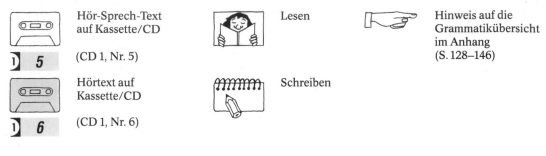

Hör-Sprech-Text auf Kassette/CD	Lesen
(CD 1, Nr. 5)	Hinweis auf die Grammatikübersicht im Anhang (S. 128–146)
Hörtext auf Kassette/CD	Schreiben
(CD 1, Nr. 6)	

Verlagsredaktion: Werner Bönzli
Layout und Herstellung: Erwin Faltermeier
Illustrationen: Joachim Schuster, Baldham; Ruth Kreuzer, London
Umschlagfoto: © Rainer Binder, Bavaria Bildagentur, Gauting

 Dieses Werk folgt der seit dem 1. August 1998 gültigen Rechtschreib-
reform. Ausnahmen bilden Texte, bei denen künstlerische, philologische
oder lizenzrechtliche Gründe einer Änderung entgegenstehen.

€ 3. 2. 1.   Die letzten Ziffern bezeichnen
2005 04 03 02 01   Zahl und Jahr des Druckes.
Alle Drucke dieser Auflage können, da unverändert,
nebeneinander benutzt werden.
3. Auflage 2001
© 1992 Max Hueber Verlag, D-85737 Ismaning
Satz: Ludwig Auer GmbH, Donauwörth
Druck: Appl, Wemding
Buchbinderische Verarbeitung: Ludwig Auer GmbH, Donauwörth
Printed in Germany
ISBN 3–19–001521–X

Inhalt

Vorwort

Mit der Neubearbeitung von „Themen" greifen wir Anregungen und Vorschläge auf, die uns in den letzten Jahren von vielen Seiten zugegangen sind. Wir sind überzeugt, dass dieses überaus beliebte Lehrwerk jetzt noch an Qualität gewonnen hat und dass es Lehrende und Lernende noch sicherer zu ihrem Ziel führen wird. Auf dem Weg zu diesem Ziel kommt auch der Spaß nicht zu kurz – dafür sorgen die abwechslungsreichen Inhalte ebenso wie die besonders großzügige Gestaltung.

Auch in der Neubearbeitung wurde der Stoff zwischen Kursbuch und Arbeitsbuch aufgeteilt. Hier in diesem Kursbuch sind die Lernschritte zu finden, die in der Gruppe, also während der Kursstunde bearbeitet werden sollten. Die Übungen im Arbeitsbuch können dagegen auch außerhalb der Unterrichtszeit in Einzelarbeit gemacht werden.

Wir hoffen, dass der Dialog zwischen den Benützern des Lehrwerks – Unterrichtenden wie auch Lernenden – und den Autoren / dem Verlag weiterhin so lebendig und offen bleiben wird wie bisher. Ein solcher Dialog gehört ja auch in den Rahmen dessen, was wir uns mit „Themen" und jetzt wieder mit „Themen neu" vorgenommen hatten: ein im besten Sinne kommunikatives Lehrwerk vorzulegen.

Autoren und Verlag

DEUTSCHKURS 1

1

Guten Tag!
Ich heiße
Helga Brunner.

Wie heißen Sie?

Mein Name ist
Peter Miller.

Ich heiße
Luisa Tendera.

Und ich heiße
Marc Biro.

Wer ist das?

Das ist
Frau Brunner.

Wie bitte?

| Guten Tag, | ich heiße... |
| | mein Name ist... |

Und wie heißen Sie?   Ich heiße...
                           Mein Name ist...

| Wer ist das? | Das ist | Herr... |
| | | Frau... |

Wie bitte?

1. Guten Tag!

Guten Tag!
Ich heiße Sabine Sauer.
Ich bin die Reiseleiterin.

Guten Tag.
Mein Name ist
Röder.
Paul Röder.

Wer ist Herr Abel?

Ich.

Und Frau Beier?
Sind Sie Frau Beier?

Nein,
ich heiße
Lüders.

Sind Sie Frau Beier?

Ja, das bin ich.

Auf Wiedersehen!
Gute Fahrt!

Mein Name ist	...	
Ich heiße		
Wer ist	Herr...?	Ich.
	Frau...?	Das bin ich.
Sind Sie	Herr...?	Nein, ich heiße...
	Frau...?	mein Name ist...

2. Wie heißen Sie? – Wie heißt du?

Guten Abend! Ich heiße Elfriede Koch.

Mein Name ist Hannelore Herzog.

Hallo, ich bin die Lea. Wie heißt du?

Ich heiße Christian.

Mein Name ist...
Wie heißen Sie?

| Hallo, ich bin | die Lea/... |
| | der Paul/... |

| Und | wie heißt | du? |
| | wer bist | |

3. Wie geht es Ihnen?

Ah, Herr König. Guten Morgen!

Guten Morgen, Herr Hoffmann. Wie geht es Ihnen?

Es geht. Und Ihnen?

Danke, gut!

| Guten Morgen, | ... |
| Hallo, | |

| Wie geht es | Ihnen? | | Danke, | gut. |
| | dir? | | | es geht. |

| | | | Und | Ihnen? |
| | | | | dir? |

Danke, auch gut.
Es geht.

4. Noch einmal, bitte langsam!

○ Wie heißen Sie, bitte?   □ Kunio Otani.
○ Wie ist Ihr Familienname?   □ Otani.
○ Noch einmal, bitte langsam!   □ O - ta - ni.
○ Wie schreibt man das?
   Buchstabieren Sie, bitte!   □ O - t - a - n - i.
○ Und Ihr Vorname?   □ Kunio.
         K - u - n - i - o.

○ Und wo wohnen Sie?   □ In Erfurt.
○ Ihre Adresse?   □ Ahornstraße 2, 99084 Erfurt.
○ Und wie ist Ihre Telefonnummer?   □ 3 - 8 - 9 - 4.
○ Danke schön!   □ Bitte schön!

5. Ergänzen Sie.

Familienname	Vorname	Wohnort	Straße	Telefon

a) Wie ist | Ihr | Name?
            dein | Vorname?
                …?

b) Fragen Sie im Kurs.

§ 31

Wie heißen Sie?
Wo wohnen Sie?
Wie ist Ihre …?

Wie heißt du?
Wo wohnst du?
Wie ist deine …?

Ihr	Name	Ihre	Adresse
dein	Familienname	deine	Telefonnummer
	Vorname		

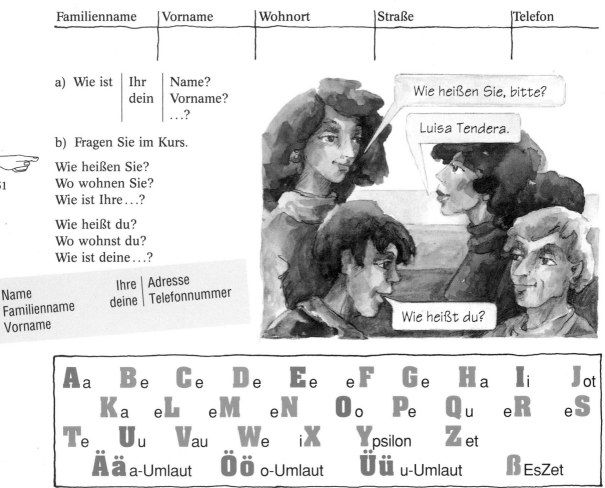

Wie heißen Sie, bitte?

Luisa Tendera.

Wie heißt du?

A a   B e   C e   D e   E e   e F   G e   H a   I i   J ot
K a   e L   e M   e N   O o   P e   Q u   e R   e S
T e   U u   V au   W e   i X   Y psilon   Z et
Ä ä a-Umlaut   Ö ö o-Umlaut   Ü ü u-Umlaut   ß EsZet

6. Zahlen: Null bis Hundert

0	null	10	zehn	20	zwanzig		100	hundert
1	eins	11	elf	21	einundzwanzig			
2	zwei	12	zwölf	22	zweiundzwanzig			
3	drei	13	dreizehn	23	dreiundzwanzig	30	dreißig	
4	vier	14	vierzehn	24	vierundzwanzig	40	vierzig	
5	fünf	15	fünfzehn	25	fünfundzwanzig	50	fünfzig	
6	sechs	16	sechzehn	26	sechsundzwanzig	60	sechzig	
7	sieben	17	siebzehn	27	siebenundzwanzig	70	siebzig	
8	acht	18	achtzehn	28	achtundzwanzig	80	achtzig	
9	neun	19	neunzehn	29	neunundzwanzig	90	neunzig	

7. Postleitzahlen

Die Postleitzahl ist einundsiebzig dreiundsiebzig zwei. Wie heißt der Ort?

Wie ist die Postleitzahl von ..., bitte?

73527 Täferrot
93104 Taimering
74388 Talheim Neckar
78607 Talheim Kreis Tuttlingen
71732 Tamm
23623 Tankenrade
84367 Tann Niederbayern
36142 Tann Rhöngebirge
86977 Tannenberg
73497 Tannhausen
88459 Tannheim Württemberg
38479 Tappenbeck
24594 Tappendorf
27412 Tarmstedt

8. Postkarten

a) Hören Sie Gespräch eins und notieren Sie die Adresse.

b) Hören und notieren Sie zwei weitere Adressen.

Absender

(Straße und Hausnummer oder Postfach)

(Postleitzahl)   (Ort)

Postkarte

(Straße und Hausnummer oder Postfach)

(Postleitzahl)   (Bestimmungsort)

11

9. Wer ist da, bitte?

a) Hören Sie und notieren Sie:

b) Hören Sie noch einmal und lesen Sie:

○ Kaufmann.   □ Wer ist da, bitte?
○ Kaufmann.   □ Ist da nicht Gräfinger? 32 36 20?
○ Nein, hier ist 32 66 20. □ Oh, Entschuldigung!
○ Macht nichts.

c) Spielen Sie weitere Dialoge.

1. Martin Sager	42 56 99	*Heinz Meyer*	*42 56 89*
2. Brigitte Lang	96 85 29	*Otto Kreuzer*	*96 55 27*
3. Franz Fuchs	93 61 73	*Maria Müller*	*93 33 28*
4. Heinz Lehmann	77 35 43	*Barbara Völler*	*77 65 43*
5. Hilde Anselm	34 11 58	*Kurt Schneider*	*24 11 58*

○ ...   □ Wer ist da, bitte?
○ ...   □ Ist da nicht...?
○ Nein, hier ist... □ Oh, Entschuldigung!
○ Macht nichts.

10. Wie viel ist das?

1. vierzig *plus* drei *plus* fünf *ist* ...
2. sieben + zehn + zwei = ...
3. sechzig *minus* zwanzig = ...
4. achtzehn − zwölf + drei = ...
5. sechsunddreißig − fünfzehn = ...
6. fünf *mal* drei + drei = ...
7. acht x vier − eins = ...
8. sechzehn *durch* vier + fünf = ...
9. zwanzig : zwei × fünf = ...
10. dreizehn + siebzehn = ... : sechs = ...

11. Wie weiter?

1 − 3 − 5 − ...
30 − 28 − 26 − ...
11 − 22 − 33 − ...
98 − 87 − 76 − 65 − ...
50 − 60 − 40 − 70 − 30 − ...
...

Lösung Seite 147

Düsseldorf ist international

Julia Omelas Cunha

Victoria Roncart

Farbin Halim

KOTA OIKAWA

Sven Gustafsson

Das sind Kinder aus aller Welt. Sie kommen aus Brasilien, Frankreich, Indien, Japan und Schweden. Sie wohnen in Düsseldorf, denn ihre Eltern arbeiten da.
In Deutschland leben etwa fünf Millionen Ausländer. In Düsseldorf sind es etwa 100 000.

Düsseldorf ist international.

12. Was meinen Sie?

○ Woher	kommt	Julia?
	ist	Sven?
	kommen	...
	sind	...

☐ Er	kommt	aus ...
Sie	ist	
Sie	kommen	
	sind	

Lösung Seite 147

13. Und woher kommen Sie?

Ich komme aus Bergen in Norwegen. Und woher kommen Sie?

Ich komme aus Indien. Aus Delhi.

Ich bin aus Spanien.

§ 22, 24
§ 10

4 Leute, Leute.

§ 33 a), b)
§ 40

Das ist Angelika Wiechert.
Sie kommt aus Dortmund;
jetzt lebt sie in Hamburg.
Sie ist verheiratet und hat zwei Kinder.
Frau Wiechert ist 34 Jahre alt
und Ingenieurin von Beruf.
Aber zur Zeit ist sie Hausfrau.
Die Kinder sind noch klein.
Angelika Wiechert hat zwei Hobbys:
Lesen und Surfen.

Maja und Gottfried Matter wohnen in Brienz.
Sie sind Landwirte und arbeiten zusammen.
Maja ist 42, Gottfried ist 44 Jahre alt.
Sie haben vier Kinder.
Ein Junge studiert Elektrotechnik in
Basel, ein Mädchen lernt Bank-
kauffrau in Bern.
Zwei Kinder sind noch Schüler.
Auch sie möchten später nicht
Landwirte werden.

14. Ergänzen Sie.

Name	Beruf	Wohnort	Familienstand	Kinder	Alter
A. Wiechert					
M. und G. Matter					

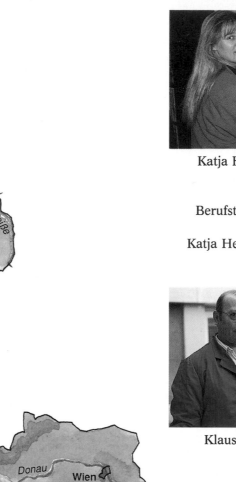

Katja Heinemann ist Ärztin in Leipzig.
Sie ist 29 Jahre alt.
Sie ist ledig und hat ein Kind.
Berufstätig sein und ein Kind erziehen,
das ist nicht leicht.
Katja Heinemann spielt sehr gut Klavier.
Das ist ihr Hobby.

Klaus-Otto Baumer, Automechaniker,
wohnt in Vaduz.
Er hat dort eine Autofirma.
Er ist 53 Jahre alt und verwitwet.
Herr Baumer ist oft in Österreich
und in der Schweiz.
Dort kauft und verkauft er Autos.
Sein Hobby ist Reisen.

Ingenieur – Ingenieurin
Landwirt – Landwirtin
Mechaniker – Mechanikerin
Arzt – Ärztin

Name	Beruf	Wohnort	Familienstand	Kinder	Alter
K. Heinemann					
K.-O. Baumer					

§ 22,24

15. Schreiben Sie drei Texte.

Ewald Hoppe	Das ist ...
Polen	Er kommt aus ...
Rostock	Er wohnt in ...
60 Jahre	Er ist ...
Elektrotechniker	Er ...
verheiratet mit Irena Hoppe	...
Zwei Kinder: 24 und 20	Er hat ...; sie sind ...

Monika Sager, Manfred Bode, Paul Winterberg	Das sind ...
Berlin, Flemingstraße 25	Sie wohnen ...
Monika, 23, Studentin (Medizin), ledig	Monika ist ...
	Sie studiert ...
Manfred, 27, Lehrer (Englisch), ledig	Manfred ...
Paul, 26, Fotograf; geschieden	

Klaus Henkel	Das ...
Wien	Er ...
40, ledig	...
Programmierer bei Müller & Co.	...
Hobby: Tennis spielen	Sein Hobby ...

16. Hören Sie.

Wer spricht? Klaus-Otto Baumer? Manfred Bode? Katja Heinemann? Klaus Henkel? Ewald Hoppe? Gottfried Matter? Maja Matter? Monika Sager? Angelika Wiechert?

17. Und jetzt Sie: Wer sind Sie?

a) Ergänzen Sie: Beruf: _____ Familienstand: _____ Alter: _____
   Wohnort: _____ Land: _____
   Hobbys: _____ Kinder: _____

b) Schreiben Sie und lesen Sie dann laut:

   Ich heiße ...   Ich komme aus ...   Ich wohne in ...

c) Fragen Sie im Kurs und berichten Sie dann:

   Das ist ...   Sie kommt aus ...

1. Klaus Henkel
Programmierer

2. John Roberts
Ingenieur

3. Anton Becker
Kaufmann

4. Rita Kurz
Sekretärin

5. Jochen Pelz, Werner Beil
Schlosser

6. Paul Schäfer
Mechaniker

Müller & Co.

7. Margot Schulz
Telefonistin

ɔ **9**

○ Guten Tag, ist hier noch frei?
□ Ja, bitte. – Sind Sie neu hier?
○ Ja, ich arbeite erst drei Tage hier.
□ Ach so. Und was machen Sie?
○ Ich bin Ingenieur. Und Sie?
□ Ich bin Programmierer.
   Übrigens: Ich heiße Klaus Henkel.
○ Ich bin John Roberts.
□ Kommen Sie aus England?
○ Nein, aus Neuseeland.
□ Sie sprechen aber schon gut Deutsch.
○ Na ja, es geht.

18. Schreiben und spielen Sie einen Dialog.

○ Ist hier frei?

□ Ja, bitte.

○ Sind Sie neu hier?

□ Ja, ich arbeite erst drei Tage hier.
  Nein, ich arbeite schon vier Monate hier.

○ Und was machen Sie?
  Was sind Sie von Beruf?

□ Ich bin Programmierer. Und Sie?

○ Ich bin… Übrigens, ich heiße…

□ Und ich heiße…

○ Kommen Sie aus…?

□ Ja.
  Nein, ich komme aus…

○ Sie sprechen aber schon gut Deutsch.

□ Danke!
  Na ja, es geht.

§ 32

John Roberts aus Wellington
Ingenieur, verheiratet, ein Kind
München, Salzburger Straße
spielt Fußball, fotografiert

◗ 10

○ Hallo! Habt ihr Feuer?
○ Wartet ihr hier schon lange?
○ Woher kommt ihr?

○ Ich komme aus Bruck.
○ Bei Wien. Ich bin Österreicher.
Wohin möchtet ihr?

○ Nach Stuttgart.

□ Nein, leider nicht.
□ Es geht.
□ Wir kommen aus Rostock.
Und woher kommst du?
△ Wo liegt das denn?

△ Nach München.
Und wohin möchtest du?

19. Wo sind die Tramper?

Lösung Seite 147

§ 22,24

20. Spielen Sie weitere Dialoge.

21. Hören Sie das Gespräch.

◗ 11

A	B	C	
			studiert Medizin
			spielt Klavier
			wohnt in Fulda
			wohnt in Sanitz

a) C besucht seine Mutter.
b) C hat Geburtstag.
c) C wohnt in Nürnberg.

○ Hallo!
□ Hallo!
○ Wer ist das?
□ Ich!
○ Wer – ich?
□ Mein Gott – ich!
○ Wer sind Sie denn?
□ Meier!
○ Wie bitte?
□ Ich heiße Meier!
○ Ach so!
□ Und Sie?
○ Wie bitte?
□ Und wer sind Sie?
○ Meier.
□ Ich verstehe nicht!
○ Ich heiße auch Meier!
□ Ach so.
Ja dann – guten Tag!
○ Guten Tag, Herr Meier!

🞉 12

Wer bin ich?

Wer bin ich?
Wer bin ich denn?
Bin ich…?
Oder bin ich…?
Bin ich vielleicht…?
Ach was –
ICH BIN.

13

Herr Weiß aus Schwarz

○ Wie heißen Sie?
□ Weiß.
○ Vorname?
□ Friedrich.
○ Wohnhaft?
□ Wie bitte?
○ Wo wohnen Sie?
□ In Schwarz.
○ Geboren?
□ Wie bitte?
○ Wann sind Sie geboren?
□ Am 5. 5. 55.
○ Geburtsort?
□ Wie bitte?
○ Wo sind Sie geboren?
□ In Weiß.
○ Sind Sie verheiratet?
□ Ja.
○ Wie heißt Ihre Frau?
□ Isolde, geborene Schwarz.
○ Sie sind also Herr Weiß –
  wohnhaft in Schwarz –
  geboren in Weiß –
  verheiratet mit Isolde Weiß –
  geborene Schwarz?
□ Richtig.
○ Und was machen Sie?
□ Wie bitte?
○ Was sind Sie von Beruf?
□ Ich bin Elektrotechniker.
  Aber ich arbeite – schwarz.
○ Das ist verboten.
□ Ich weiß.

1

der Elektroherd

der Tisch

das Foto

die Taschenlampe

der Kugelschreiber

das Waschbecken

der Taschenrechner

die Lampe

der Stecker

1. Was passt zusammen?

Entscheiden Sie. Sie haben 5 Minuten Zeit.

der Elektroherd	und *der Topf*
der Tisch	und _____
das Foto	und _____
die Taschenlampe	und _____
der Kugelschreiber	und _____
das Waschbecken	und _____
der Taschenrechner	und _____
die Lampe	und _____
der Stecker	und _____

Singular	Plural
der Tisch	**die** Tische
die Batterie	**die** Batterien
das Foto	**die** Fotos

☞

§ 1

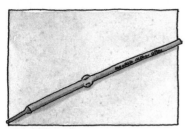

die Mine

die Glühbirne

der Topf

die Zahlen

der Stuhl

die Steckdose

die Batterien

der Wasserhahn

die Kamera

2. Worträtsel.

Ergänzen Sie
die Wörter.

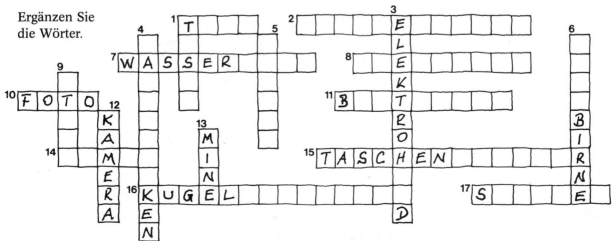

BADENIA – KÜCHEN

Eine Küche ist einfach eine Küche ...

oder eine Küche von BADENIA

Das ist ein Küchen-schrank.

Das ist ein Küchen-schrank von Badenia.

Das ist eine Spüle.

Das ist eine Spüle von Badenia.

Das ist ein Küchenregal.

Das ist ein Küchenregal von Badenia.

Das ist eine Küchen-lampe.

Das ist eine Küchen-lampe von Badenia.

Das sind Küchen-stühle.

Das sind Küchen-stühle von Badenia.

Eine Küche von
BADENIA–MÖBEL
Eine Küche für Sie!

Singular	Plural
Das ist ...	Das sind ...
ein Schrank.	– Schränke.
eine Spüle.	– Spülen.
ein Regal.	– Regale.

3. „Der", „ein" oder „er"? „Die", „eine" oder „sie"? „Das", „ein" oder „es"?

§ 1
§ 11

Das ist ein BADENIA-Küchenschrank. Der Schrank hat 8 Schubladen. Er kostet € 698,–.

Das ist eine BADENIA-Spüle. Die Spüle hat zwei Becken. Sie kostet € 199,–.

Das ist ein BADENIA-Kochfeld. Das Kochfeld ist aus Glaskeramik. Es kostet € 489,–.

Das sind BADENIA-Küchenstühle. Die Stühle sind sehr bequem.
Sie kosten € 185,–.

Das ist _____ BADENIA-Elektroherd. _____ Herd ist sehr modern. _____ kostet € 987,–.

Das ist _____ BADENIA-Mikrowelle. _____ Mikrowelle hat 1000 Watt. _____ kostet € 568,–.

Das ist _____ BADENIA-Geschirrspüler. _____ Geschirrspüler hat 5 Programme. _____ kostet € 849,–.

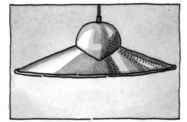

Das ist _____ BADENIA-Küchenlampe. _____ Lampe hat eine 75-Watt-Glühbirne. _____ kostet € 157,–.

Das ist _____ BADENIA-Küchenregal. _____ Regal ist sehr praktisch. _____ kostet € 108,–.

Das ist	**ein**	Küchenschrank.	**Der** Schrank	hat	**Er** kostet ....
Das ist	**eine**	Spüle.	**Die** Spüle	hat	**Sie** kostet ....
Das ist	**ein**	Kochfeld.	**Das** Feld	ist	**Es** kostet ....
Das sind	**–**	Küchenstühle.	**Die** Stühle	sind	**Sie** kosten ....

Zwei Personen – Zwei Küchen

Küche 1: Kurt W., 28 Jahre, Verkaufsleiter

Küche 2: Herta G., 73 Jahre, Rentnerin

4. Was ist in Küche 1?

Da ist	ein Abfalleimer. eine Waschmaschine. ein Telefon. …	Da sind	vier Stühle. …

5. Was ist in Küche 2?

§ 1

Da ist auch	ein Elektroherd. eine… ein…	Aber da ist	kein Geschirrspüler. keine… kein…
Da sind auch	Stühle. …	Aber da sind	keine… …

Das ist ein Hexenküchenherd.

Singular:	Da ist	**ein** Stuhl **kein** Stuhl	**eine** Lampe **keine** Lampe	**ein** Bild **kein** Bild
Plural:	Da sind	Stühle **keine** Stühle	Lampen **keine** Lampen	Bilder **keine** Bilder

6. Was kann man hier ersteigern?

3 Telefone, 4 Elektroherde, ...

§ 9

7. Zahlen bis 1000

Hören Sie. Wie viel Geld bieten die Leute? Notieren Sie.

a) Elektroherd: *120,– 130,– 140,– 160,– 180,– 185,– 187,–*

b) Tisch: _____

c) Schrank: _____

d) Kühlschrank: _____

e) Radio: _____

f) Fernsehapparat: _____

g) Uhr: _____

100 hundert	101 hunderteins	111 hundertelf
200 zweihundert	102 hundertzwei	112 hundertzwölf
300 dreihundert	103 hundertdrei	113 hundertdreizehn
400 vierhundert	104 hundertvier	114 hundertvierzehn
500 fünfhundert	105 hundertfünf	115 hundertfünfzehn
600 sechshundert	106 hundertsechs	116 hundertsechzehn
700 siebenhundert	107 hundertsieben	117 hundertsiebzehn
800 achthundert	108 hundertacht	118 hundertachtzehn
900 neunhundert	109 hundertneun	119 hundertneunzehn
1000 tausend	110 hundertzehn	120 hundertzwanzig

Ihr Fernsehapparat funktioniert.

Ihr Telefon funktioniert.

Ihr Radio funktioniert.

Aber ...

seien Sie mal ehrlich:

Ist Ihr Fernsehapparat
originell?
Ist Ihr Telefon witzig?
Ist Ihr Radio lustig?

Nein?

Dann kommen Sie zu
Dies & Das!
Ihr Geschäft mit 1000 Ideen
für Haus und Haushalt.

Dies & Das

Das
Geschäft
mit
Witz
und
Ideen

Dies & Das,
Offenbacher
Landstraße 12,
60599 Frankfurt

Preisausschreiben
Was ist das?

1. Preis
Wert
€ 298,–

Das ist
kein
Helm,
sondern _____

2. Preis
Wert
€ 128,–

Das ist
kein
Schuh,
sondern _____

3. Preis
Wert
€ 89,–

Das ist
keine
Parkuhr,
sondern _____

_____

Name / Vorname

_____

Straße / Hausnummer

_____

PLZ Wohnort

Lösung bis 30. 4. 01 an: Dies & Das

(der/ein)	**Ihr** Fernseher	funktioniert.
(die/eine)	**Ihre** Uhr	
(das/ein)	**Ihr** Telefon	
(die/–)	**Ihre** Uhren	funktionieren.

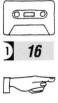

15

○ Entschuldige bitte! Was ist das denn?
□ Das ist mein Bett.
○ Was ist das? Dein Bett?
□ Ja, mein Bett. Es ist sehr bequem.
○ Mmh..., es ist sehr lustig.

○ Entschuldigen Sie! Was ist das denn?
□ Das ist mein Auto.
○ Was sagen Sie? Ihr Auto?
□ Ja, mein Auto. Es fährt sehr gut.
○ Äh..., es ist sehr originell.

8. Hören Sie die Dialoge.

Ergänzen Sie dann.

16

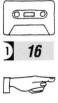

§ 6 a)
§ 11

a)
○ Entschuldigen Sie! Was ist das denn?
□ Das ist _____ Fernsehapparat.
○ Was sagen Sie? _____ Fernsehapparat?
□ Ja, das ist _____ Fernsehapparat.
○ Funktioniert _____?
□ Ja, _____ ist neu.
○ Mmh..., _____ ist sehr originell.

c)
○ Entschuldigen Sie! Was _____ das denn?
□ Das _____ _____ Stühle.
○ Wie bitte? Das _____ Stühle?
□ Ja, _____ Stühle. Warum fragen Sie?
○ Mmh..., _____ _____ sehr modern.
  Sind _____ auch bequem?
□ Ja.

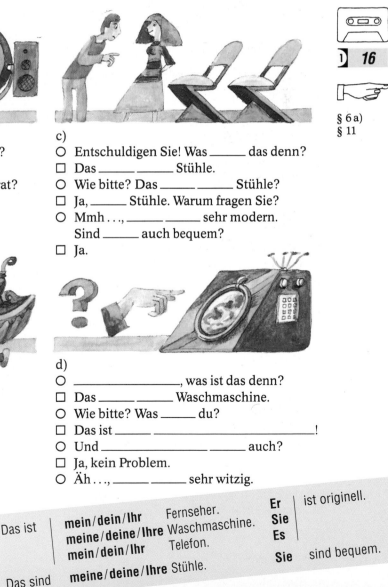

b)
○ Sag mal, was ist das denn?
□ Das ist _____ Spüle.
○ Wie bitte? Das ist _____
  _____?
□ Ja. _____ ist sehr praktisch.
○ Äh..., _____ ist sehr lustig.

d)
○ _____, was ist das denn?
□ Das _____ _____ Waschmaschine.
○ Wie bitte? Was _____ du?
□ Das ist _____ _____!
○ Und _____ _____ auch?
□ Ja, kein Problem.
○ Äh..., _____ _____ sehr witzig.

**9. Spielen Sie ähnliche
    Dialoge im Kurs.**

Das ist	mein/dein/Ihr	Fernseher.	Er	ist originell.
	meine/deine/Ihre	Waschmaschine.	Sie	
	mein/dein/Ihr	Telefon.	Es	
Das sind	meine/deine/Ihre	Stühle.	Sie	sind bequem.

17

○ Meine Kamera ist kaputt.

□ Was ist los? Deine Kamera ist kaputt?

○ Ja, sie ist kaputt. Sie funktioniert nicht.

□ Nein, nein, sie ist nicht kaputt. Die Batterie ist leer.

○ Ach so!

10. Hören und Sprechen.

a) Ergänzen Sie

○ _____ fährt nicht!

□ Was sagst du? _____ _____
fährt nicht?

○ Ja, _____ ist kaputt. _____ fährt nicht.

□ Nein, nein, _____ ist nicht kaputt. Das Benzin ist alle.

○ Ach so!

○ _____ _____ funktioniert
nicht.

□ Was _____ du? _____ _____
funktioniert nicht?

○ Ja, _____ ist kaputt. _____
_____ nicht.

□ Nein, nein, _____ ist nicht kaputt. Der Stecker ist raus.

○ Ach so!

○ _____ schreibt nicht.

□ Was sagst du? _____ _____ ist
kaputt?

○ Ja, _____ ist kaputt. _____
_____ nicht.

□ Nein, nein, _____ _____ nicht kaputt. Die Mine ist leer.

○ Ach so!

○ _____ Spülmaschine spült nicht.

□ Was _____ du?
_____ _____ geht nicht?

○ Ja, _____ ist _____. _____
_____ nicht.

□ Nein, nein, _____ _____ nicht kaputt. Der Wasserhahn ist zu.

○ Ach so!

b) Hören Sie jetzt die Dialoge auf der Kassette. Korrigieren Sie Ihre Fehler!

c) Spielen Sie ähnliche Dialoge im Kurs.

 18

– Die Waschmaschine wäscht/geht/funktioniert nicht. – Der Wasserhahn ist zu.

– Der Taschenrechner funktioniert/geht nicht. – Die Batterien sind leer.

– Das Fernsehgerät funktioniert/geht nicht. – Die Fernbedienung ist kaputt.

– …

Lernspiel

Gruppen mit 3 Personen (Spieler A, Spieler B, Spieler C).

Schreiben Sie 20 Karten mit Wörtern.

5 Auto
6 Abfall-eimer
1 Schrank
2 Stuhl
3 Lampe
4 Taschen-rechner
7 Radio
8 Fernseh-apparat
11 Wasch-becken
9 Bild
10 Elektro-herd
12 Telefon
13 Uhr
14 Regal
17 Kamera
15 Kühl-schrank
16 Topf
18 Taschen-lampe
19 Mikro-welle
20 Geschirr-spüler

Spieler A bekommt 10 Karten, Spieler B bekommt 10 Karten.

Spieler C fragt Spieler A oder Spieler B:

Antonia, ist Nr. 1 dein Schrank?
oder
Frau Sanchez, ist Nr. 1 Ihr Schrank?

Antwort:

Spieler A (oder B) <u>hat die Karte</u> und sagt:
Ja, das ist mein Schrank.
<u>Spieler C bekommt einen Punkt.</u>
Spieler B (oder A) sagt:
Stimmt, das ist ihr / sein Schrank.

Spieler A (oder B) <u>hat die Karte nicht</u> und sagt:
Nein, das ist ihr / sein Schrank.
<u>Spieler C bekommt keinen Punkt.</u>
Spieler B (oder A) sagt:
Stimmt, das ist mein Schrank.

§ 6 a)

Die Spieler wechseln: Spieler A ist jetzt Spieler B, Spieler B ist C, Spieler C ist A.

Viel Spaß!

6

19

Alles ganz modern

○ Entschuldigen Sie bitte, was ist denn das?

□ Das ist ein Fernseh-Kühlschrank.

○ Ein was?

□ Ein Fernseh-Kühlschrank. Sehr modern!

○ Aha. Sehr komisch! – Und das, was ist das?

□ Das ist eine Telefon-Waschmaschine.

○ Eine Telefon-Waschmaschine ... interessant.

□ Ja, sehr interessant. Und gar nicht teuer.

○ Hm ... Und das, was ist das?

□ Das da, das ist eine Mikrowellen-Radio-Kamera.

○ Eine Mikrowellen ... Donnerwetter!

□ Auch sehr modern und gar nicht teuer.

○ Und das alles funktioniert?

□ Natürlich. Alles funktioniert. Heute.

○ Heute ...?

□ Ja, alle Maschinen funktionieren sehr gut.
Heute.

○ Und morgen ...?

□ Morgen ... na ja. Da ist auch ein Hybrid-
Elektrosolar-Abfalleimer. Sehr billig
und auch sehr modern.

○ Gut, dann bitte den Abfalleimer!
Für morgen.

Essen und Trinken

das Obst
der Käse
die Wurst
die Kartoffeln
der Salat
die Milch
das Gemüse
der Reis
der Fisch
das Bier
der Wein
das Glas
das Wasser
die Butter
das Fleisch
das Ei
das Kuchen... der Kuchen
das Brot
der Löffel
das Messer
die Gabel
der Teller

Franz Kaiser

Clara Mai

Thomas Martens

Er trinkt/isst...   Sie trinkt/isst...   Er trinkt/isst...

1. Was isst...?

○ Was | isst | Franz Kaiser?
| trinkt | ...

□ Er | isst | einen Hamburger.
Sie | trinkt | ...

		der	**die**	**das**	
Franz Kaiser	**isst**	**einen** Hamburger	eine Pizza	ein Brötchen	
Clara Mai		einen Salat	eine Suppe	ein Ei	§ 2
Thomas Martens		einen Kuchen	– Butter	ein Wurstbrot	§ 8
		einen Fisch	– Marmelade	ein Käsebrot	
			– Kartoffeln	ein Hähnchen	
				ein Kotelett	
				ein Eis	
				– Gemüse	
				– Ketschup	
	trinkt	**einen** Orangensaft	eine Milch	ein Mineralwasser	
		einen Wein	eine Cola		
		einen Schnaps			

(die Flasche)	eine Flasche	Mineralwasser
	zwei Flaschen	Milch/Cola
(das Glas)	ein Glas	Wein/Bier
	drei Gläser	Saft/Schnaps
(die Dose)	eine Dose	Cola/Bier/Saft
	vier Dosen	Mineralwasser
(die Tasse)	eine Tasse	Tee/Milch
	zwei Tassen	Kaffee

Nominativ

Das ist | ein Hamburger.
| eine Pizza.
| ein Eis.

Akkusativ

Er isst | **einen** Hamburger
| **eine** Pizza.
| **ein** Eis.

2. Erzählen Sie.

a) Morgens isst Franz Kaiser ein Brötchen mit Butter und Marmelade. Er trinkt ein Glas Milch.
Mittags isst er einen Hamburger und trinkt eine Dose Cola.
Nachmittags isst Franz Pommes frites mit Ketschup und ein Eis.
Abends isst er eine Pizza und trinkt eine Cola.

§ 33 b)

b) Morgens isst Clara Mai... Sie trinkt...
Mittags isst sie... Sie trinkt... Nachmittags... Abends...
c) Morgens isst Thomas Martens...
Mittags... Nachmittags... Abends

3. Wer mag keinen Fisch?

a) Was glauben Sie? Wer isst/trinkt keinen/keine/kein...?

Franz	Clara	Thomas	isst	Franz	Clara	Thomas	trinkt
X			keinen Salat.				kein Mineralwasser.
			keinen Fisch.				keinen Schnaps.
			keine Wurst.				kein Bier.
			keinen Reis.				keinen Wein.
			keine Pommes frites.				keine Cola.
			keinen Kuchen.				
			kein Eis.				
			keinen Käse.				

b) Hören Sie die Interviews auf der Kassette. Markieren Sie die Antworten.

4. Üben Sie.

a)

§ 24

O Essen Sie gerne Fleisch?

☐ Ich mag kein Fleisch.
    Ich esse lieber Fisch.

b) O Trinken Sie gerne Kaffee?   ☐ Ich mag keinen Kaffee.
                                              Ich trinke lieber Tee.

§ 8

5. Und was essen Sie?

§ 33 b), c)
§ 48

Morgens/Mittags Nachmittags/Abends	esse ich trinke	meistens/(sehr) oft/ manchmal/(sehr) gerne	einen/eine/ein –	...

Ich mag	keinen/keine/kein keine	..., aber ...	esse trinke	ich gerne.

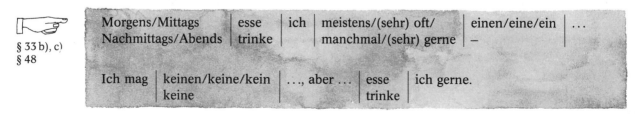

Gasthof Niehoff

Kalte Gerichte	
Fischplatte mit Toastbrot und Butter	7,45
Käseteller mit Weißbrot	4,45
Schinkenplatte mit Schwarzbrot, Butter, Gurken	5,75

Suppen	
Gemüsesuppe	2,50
Rindfleischsuppe	2,20
Zwiebelsuppe	3,00

Hauptgerichte	
Schweinebraten mit Kartoffeln und Rotkohl	8,90
Rindersteak mit Pommes frites und Bohnen	12,40
Bratwurst mit Brot	4,50
Bratwurst mit Pommes frites oder Kartoffelsalat	5,40
Kotelett mit Bratkartoffeln und Salatteller	7,50
1/2 Brathähnchen mit Reis und Gemüse	6,40
Bratfisch mit Kartoffeln und Salat	7,70

Dessert und Kuchen	
Eis mit Sahne	2,20
Eis mit Früchten und Sahne	2,80
Apfelkuchen	1,70
Obstkuchen	1,80

Getränke	
Cola (Flasche, 0,2 l)	1,50
Limonade (Fl., 0,2 l)	1,50
Apfelsaft (Glas, 0,2 l)	1,80
Bier (Glas 0,3 l)	1,85
Rotwein (Glas 0,25 l)	3,00
Weißwein (Glas 0,25 l)	3,00
Kaffee (Tasse)	1,30
Tee (Glas)	1,30

6. Ich nehme...

a) Hören Sie das Gespräch und lesen Sie.

Ich nehme eine Zwiebelsuppe und dann einen Schweinebraten mit Kartoffeln und Rotkohl. Ich trinke ein Glas Wein. Als Nachtisch esse ich einen Obstkuchen mit Sahne und danach trinke ich noch einen Kaffee.

b) Sie sind im Gasthof Niehoff und lesen die Speisekarte. Was möchten Sie essen/trinken? Erzählen Sie.

Ich nehme einen Käseteller mit Weißbrot...

Ich nehme ein... mit...
Ich trinke...
Als Nachtisch esse ich...

2

) 22

○ Wir möchten gern bestellen.
□ Bitte, was bekommen Sie?
○ Ich nehme eine Gemüsesuppe und einen Schweinebraten.
□ Und was möchten Sie trinken?
○ Ein Glas Weißwein, bitte.
□ Und Sie? Was bekommen Sie?
△ Ein Rindersteak, bitte. Aber keine Pommes frites, ich möchte lieber Bratkartoffeln. Geht das?
□ Ja, natürlich!
   Und was möchten Sie trinken?
△ Einen Apfelsaft, bitte.

) 23

7. Hören Sie die Gespräche.

a) Was möchten die Leute essen? Was möchten sie trinken?

Hörtext 1	Hörtext 2	Hörtext 3
der Mann:	die Frau:	der Mann:
die Frau:	der Mann:	das Kind:
das Kind:		

b) Erzählen Sie.

Der Mann	nimmt	einen …
Die Frau	isst	eine …
Das Kind	trinkt	ein …

nehmen	du er sie es	nimmst nimmt	essen	du er sie es	isst isst

8. Üben Sie.

§ 23

○ Bitte, was | bekommen
möchten | Sie?   □ Ich | möchte
nehme
esse | einen
eine
ein | …

○ Und was möchten Sie trinken?   □ Einen
Eine
Ein | …

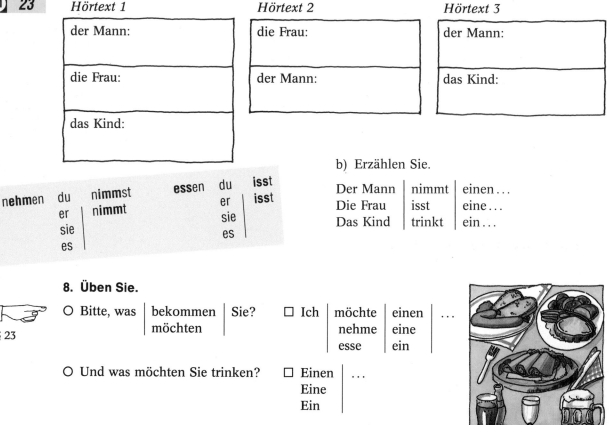

9. Spielen Sie ähnliche Dialoge im Kurs.

○ Wir möchten bitte bezahlen.
□ Zusammen oder getrennt?

○ 24

○ Getrennt bitte.
□ Und was bezahlen Sie?
○ Den Schweinebraten und den Wein.
□ Das macht 11,90 €.
○ 13, bitte.
□ Vielen Dank!

△ Und ich bezahle das Rindersteak und den Apfelsaft.
□ Das macht 14 Euro 20.
△ 15 Euro. Stimmt so.
□ Danke schön!

10. Dialogarbeit.

a) Schreiben Sie zwei Dialoge wie oben.

| **Akkusativ** |
| der → **den** Wein |
| die → **die** Cola |
| das → **das** Bier |

A. Frau: Kotelett, Bier
    Mann: Bratwurst, Coca Cola

B. Frau: Apfelkuchen, Kaffee
    Mann: Fischplatte, Weißwein

b) Hören Sie jetzt die Dialoge und vergleichen Sie.

11. Üben Sie.

○ Was bezahlen Sie?

□ Ich bezahle | den | ...
              | die |
              | das |

○ 25

§ 2

12. Spielen Sie ähnliche Dialoge im Kurs.

13. Hören Sie die Gespräche. Ergänzen Sie die Preise.

Gespräch 1

Gespräch 2

Gespräch 3

○ 26

Gasthof Niehoff

1 Schinkenplatte _____
2 Hähnchen _____
2 Gemüsesuppen _____
5 Bier _____
3 Kaffee _____
2 Eis m. Sahne _____
                _____

Gasthof Niehoff

3 Bratfische _____
2 Rindersteaks _____
3 Obstkuchen _____
4 Cola _____
2 Kaffee _____
2 Apfelkuchen _____
              _____

Gasthof Niehoff

2 Zwiebelsuppen _____
1 Bratwurst _____
1 Schweinebraten _____
4 Rotwein _____
2 Tee _____
2 Obstkuchen _____
             _____

39

14. Schmeckt der Fisch?

a) ○ Schmeckt | der Fisch?
   | …

□ Danke, | er | ist | fantastisch.
Ja, | … | schmeckt | sehr gut.
| | | gut.

§ 26
§ 34

b) ○ Nehmen Sie | doch noch etwas Fisch!
   Nimm | …

□ Danke, gern.
Nein danke, | ich habe genug.
Danke, | ich bin satt.
| ich möchte nicht mehr.

15. Kommst du zum Abendessen?

Lesen Sie zuerst die Fragen und hören Sie dann das Gespräch.

▶ 27

a) Was trinkt Inge?
b) Was trinkt Markus?
c) Was essen sie als Vorspeise?
d) Was essen sie als Hauptgericht?
e) Was ist die Nachspeise?

Hallo Inge,
kommst du zum Abendessen
(Samstag, 20.00 Uhr)?
Ich koche selbst! Dein Markus

16. Üben Sie.

○ Schmeckt der Wein nicht?

□ Nein, er ist sauer.

Der Wein ist	sauer. süß. warm.	Das Brot ist	alt. trocken. hart.	Das Fleisch ist	zu fett. kalt. trocken.
Das Bier ist	zu bitter. warm.	Die Suppe ist	salzig. zu scharf.	Die Soße ist	salzig. zu scharf.
Die Limo ist	warm. zu süß.	Der Salat ist	zu salzig. nicht frisch.		

Harms – Lebensmittelfachmarkt

... hier kaufe ich gern

Bier Jever Pils 24 Flaschen à 0,33 Ltr.	**7,98**	**Brötchen** 5 Stück	**0,50**	**Butter** 250 g	**1,12**	**Mehl** 1-kg-Packung		**0,73**

Bier
Jever Pils **7,98**
24 Flaschen à 0,33 Ltr.

Emsland Mineralwasser **2,48**
12 Flaschen à 0,7 Ltr.

Coca Cola, Fanta, Sprite
1-Ltr.-Flasche **0,59**

Orangensaft/Apfelsaft
1-Ltr.-Flasche **0,68**

Badischer Weißwein
QbA 1-Ltr.-Flasche **2,98**

Deutscher Sekt
0,7-Ltr.-Flasche **3,99**

IDEAL Kaffee
500-g-Packung **4,85**

BUNTING Tee
250-g-Packung **2,23**

Brötchen
5 Stück **0,50**

Vollkornbrot
500 g **0,79**

Käse aus Holland
Edamer 100 g **0,59**
Gouda 100 g **0,79**

Joghurt mit Früchten
200 g **0,49**

Eier
10 Stück **1,21**

Milch
1 Ltr. **0,78**

Marmelade
Erdbeer, Kirschen,
Himbeer, Brombeer
450-g-Glas **1,19**

Butter
250 g **1,12**

Kartoffeln
5 kg **3,90**

Salatgurke
Stück **0,89**

Paprika
500 g **1,99**

Tomaten
500 g **1,22**

Salat-Öl
0,5-Ltr.-Flasche **1,96**

Zucker
1-kg-Packung **0,99**

Gewürze
Paprika 100 g **1,13**
Pfeffer 100 g **1,13**

Mehl 1-kg-Packung **0,73**

Wurst
Salami 100 g **1,49**
Schinken 100 g **1,79**
Aufschnitt 100 g **0,85**

Kotelett
1 kg **4,88**

Rindersteak
1 kg **10,25**

Eis (Nuss/Schokolade)
500 g **0,99**

Äpfel 1 kg **1,11**

SCHWAN Vollwaschmittel
3 kg **3,98**

SUN Spülmittel
0,75-Ltr.-Flasche **1,69**

Harms – Lebensmittelfachmarkt   ganz nah ganz billig

---

17. Lesen Sie die Anzeige.

Hören Sie dann den Text. Notieren Sie die Sonderangebote.

18. Üben Sie.

○ Was | kostet | eine Flasche | Apfelsaft? | □ Achtundsechzig Cent.
| kosten | eine Kiste | ... | Zwei Euro achtundvierzig.
| | eine Packung | | ...
	ein Pfund	
	ein Kilo	
	... Gramm	
	ein Liter	

§ 8

28

19. Schreiben Sie einen Einkaufszettel.

Erzählen Sie dann. Was brauchen Sie? Was kaufen Sie?

Ich kaufe 500 Gramm Butter, zehn Brötchen, ein Glas Marmelade, ...

a) Sie möchten ein Frühstück für fünf Personen machen.
b) Sie möchten ein Mittagessen für vier Personen kochen.
c) Sie möchten abends mit Freunden Ihren Geburtstag feiern.
d) Sie möchten Geschirr spülen und Wäsche waschen.
e) Sie möchten einen Kuchen backen.
f) Sie möchten einen Salat machen.

5

Was glauben Sie, was trinken die Deutschen gern? – Am liebsten Kaffee! Im Durchschnitt trinkt jeder Deutsche 190 Liter Kaffee pro Jahr. Sehr beliebt sind auch Erfrischungsgetränke (Limonaden) und Mineralwasser (ca. 160 Liter). Und dann natürlich das Bier: 150 Liter trinken die Deutschen im Durchschnitt pro Person und Jahr.

In Deutschland gibt es viele Biersorten, und sie schmecken alle verschieden. Die meisten Biertrinker haben ihre Lieblingssorte und ihre Lieblingsmarke.

Kennen Sie die wichtigen Biersorten und ihre Unterschiede? Nein? Dann lesen Sie unser Bierlexikon.

Altbier ist dunkel und schmeckt etwas bitter. Man trinkt es vor allem in Düsseldorf.

Berliner Weiße mischt man oft mit Himbeer- oder Waldmeistersaft. Sie ist dann rot oder grün. Berliner Weiße ist ein Leichtbier und schmeckt süß.

Das **Bockbier** ist ein Starkbier mit 5,6% Alkohol. Normal sind 4,7%. Viele Bockbierarten schmecken leicht süß.

Export ist hell und schmeckt sehr mild. Diese Biersorte gibt es in ganz Deutschland.

Kölsch kommt aus dem Köln-Bonner Raum, und man trinkt es auch nur dort. Es ist hell und leicht (nur 3,7% Alkohol). Kölsch-Gläser erkennt man sofort. Sie sind hoch und schlank.

Münchener ist vor allem in Bayern beliebt. Es schmeckt ähnlich wie Export, aber es ist nicht so herb und nicht so stark. In Bayern trinkt man das Münchener aus 1-Liter, aber auch aus 1/2-Liter-Gläsern.

Pils ist eine Biersorte aus der Tschechischen Republik, aber die Deutschen mögen sie besonders gern. Man bekommt es überall. Typische Pilsgläser haben einen Bauch und sind oben eng.

Weizenbier, auch Weißbier, kommt vorwiegend aus Bayern, doch es hat auch in Nord-, West- und Ostdeutschland viele Freunde. Weizenbiergläser sind sehr groß. Sie sind unten eng und haben oben einen Bauch.

20. Welche Bilder passen zu welchen Biersorten?

Bild A: _____

Bild B: _____

Bild C: _____

Bild D: _____

Bild E: _____

Bild F: _____

Bild G: _____

Bild H: _____

Ha! Meine Biersorte steht sicher nicht im Lexikon!

21. Hören Sie die Gespräche auf der Kassette.

Welche Gespräche passen zu welchen Fotos?

Gespräch Nr. _____

Gespräch Nr. _____

29

Gespräch Nr. _____

Gespräch Nr. _____

6

Ein schwieriger Gast

▷ **30**

○ Haben Sie Käse?
□ Ja.
○ Dann bitte ein Glas Käse.
□ Ein Glas Käse?
○ Ja.
□ Sie meinen: ein Stück Käse?
○ Nein, ich meine ein Glas Käse.
□ Entschuldigung, ein Glas Käse haben wir nicht.
○ Was haben Sie denn?
□ Kartoffelsalat, Würstchen, Kotelett, Schinken...
○ Gut, dann bitte ein Stück Kartoffelsalat.
□ Ein Stück Kartoffelsalat?
○ Ja.
□ Sie meinen: einen Teller Kartoffelsalat?
○ Nein, ich meine ein Stück Kartoffelsalat.
□ Tut mir leid, ein Stück Kartoffelsalat haben wir nicht.
○ Dann nicht. – Haben Sie was zu trinken?
□ Bier, Limonade, Wein, Sekt...
○ Gut. Dann bitte einen Teller Bier.
□ Einen Teller Bier?
□ Ja.
□ Sie meinen: ein Glas Bier?
○ Nein, ich meine einen Teller Bier.
□ Verzeihung, einen Teller Bier haben wir nicht.
○ Was haben Sie denn überhaupt?
□ Nun, wir haben zum Beispiel Käse, Omelett...
○ Gut, dann bitte ein Glas Käse...
□ ...

1. Wo ist was?

Deck 3, 5:	ein Schwimmbad, eine Bar
Deck 6:	ein Café eine Bibliothek, ein Friseur, ein Geschäft
Deck 7:	eine Bank
Deck 8:	eine Küche
Deck 10:	ein Krankenhaus ein Kino
Deck 11:	die Maschine

2. Wo kann man...?

Auf Deck... kann man	einen Film sehen.
	Musik hören.
	Tischtennis spielen.
	Geld tauschen.
	ein Bier trinken.
	einen Spaziergang machen.
	schwimmen.
	essen.
	tanzen.

3. Was machen die Passagiere?

Auf Deck...	liest jemand ein Buch.
	macht jemand ein Foto.
	nehmen Leute ein Sonnenbad.
	schläft jemand.
	flirtet jemand.
	frühstückt jemand.
	steht jemand auf.
	sieht jemand fern.

4. Wo arbeitet jemand?

Auf Deck...	bedient ein Kellner einen Gast.
	schneidet ein Koch Fleisch.
	spielt ein Pianist Klavier.
	kontrolliert ein Mechaniker die Maschine.
	backt ein Bäcker eine Torte.
	massiert ein Masseur jemanden.
	frisiert eine Friseurin jemanden.

5. Was kann man hier machen? Was muss man? Was darf man nicht?

§ 25
§ 35

Hier kann man Bücher lesen.
Hier muss man leise sprechen.
Hier darf man nicht rauchen.

Hier kann man …

Hier kann man …
Hier muss man …

Hier kann man …
Hier darf man …

Hier kann man …

Hier kann man heute nicht …
Hier kann man heute kein …

Hier kann man …
Hier darf man nicht …

Hier darf man nicht …
Hier möchte jemand …

Hier muss man …

Hier darf man nicht …

eintreten   Geld ausgeben   keine Getränke mitbringen
Musik hören   duschen   schlafen   stören
fernsehen   warten
tanzen   einkaufen   einen Film sehen
ein Bier trinken   schwimmen   rauchen   …

6. Zeichnen Sie Schilder: Was darf man hier nicht? Was muss man/was kann man hier machen?

7. Erkennen Sie die Situation? Hören Sie gut zu!

Jemand schwimmt. . . . . Nr. _____   Jemand macht eine Flasche Wein
Jemand möchte schlafen. . . . . Nr. _____   auf. . . . . Nr. _____
Jemand macht ein Foto. . . . . . Nr. _____   Jemand sieht fern. . . . . Nr. _____
Jemand steht auf. . . . . Nr. _____   Jemand kauft ein. . . . . Nr. _____

) *31*

§ 14

8. Dialog

a) Ordnen Sie die Sätze und spielen Sie den Dialog.
b) Hören Sie die Kassette und vergleichen Sie.

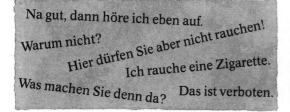

Na gut, dann höre ich eben auf.
Warum nicht?
Hier dürfen Sie aber nicht rauchen!
Ich rauche eine Zigarette.
Was machen Sie denn da? Das ist verboten.

) *32*

9. Hören Sie Dialog a) und b) auf der Kassette und ergänzen Sie.

a) O Was machst du da?
   □ Ich _____.
   O Das geht aber nicht!
   □ Warum _____?
   O Du musst jetzt schlafen.
   □ Wer _____?
   O Ich!

b) O Hallo, ihr, was _____?
   □ Wir _____.
   O Hier dürft ihr _____.
   □ Warum _____?
   O Das ist _____:
   □ Na gut, dann _____.

) *33*

10. Hören Sie die Dialoge c) und d) auf der Kassette. Spielen Sie die Situationen nach.

11. Spielen Sie weitere Dialoge.

) *34*

Was	machen Sie	(denn) da?
	machst du	
	macht ihr	

Musik machen   Klavier spielen
   Eis essen   …

Das geht aber nicht!

Hier	dürfen Sie	aber nicht…
	…	

Warum (denn) nicht?
Wer sagt das?

Das ist (hier) verboten.

Sie sehen	doch das Schild da!
…	

Na gut,	dann	höre ich	eben auf.
Ach so,		hören wir	
		… ich/wir eben nicht.	

2

Freizeit ... und Arbeit

 sechs Uhr  acht Uhr  halb zehn elf Uhr

Ilona Zöllner, Bankkauffrau

schläft

steht auf

frühstückt

kauft ein

Dr. Klaus Schwarz, Lehrer

träumt

macht einen Spaziergang

liest Zeitung

schwimmt

Willi Rose, Kellner

steht auf

bereitet das Frühstück vor

bedient Ilona

räumt auf

Monika Hilger, Krankenschwester

steht auf

macht Betten

misst Fieber

bringt Essen

 12. Wann steht Willi Rose auf?

§ 19
§ 27, 36

Um ... Uhr.
Wann steht ... auf? – Um ...

 13. Was macht Willi Rose um ... Uhr?

§ 23

Er bedient Ilona Zöllner.
Was macht ... um ...?

14. Beschreiben Sie:

a) Willi Rose ist Kellner.
Er steht um sechs Uhr auf.
Um acht Uhr bereitet er das Frühstück vor.
Um halb zehn bedient er Ilona Zöllner.
Um elf räumt er auf.
Um ...

 ein Uhr  drei Uhr  halb sieben  zehn Uhr

isst zu Mittag   nimmt ein Sonnenbad   zieht ein Kleid an   tanzt

bestellt das Mittagessen   macht Fotos   isst zu Abend   sieht fern

schreibt eine Bestellung auf   trinkt einen Kaffee   holt Essen   trifft Freunde

macht Pause   macht einen Verband   sieht einen Film   möchte schlafen

b) Monika Hilger ist Krankenschwester.
Sie steht um sechs Uhr auf.
Um ... Uhr macht sie Betten.
Um ...

c) Um sechs Uhr schläft
Ilona Zöllner noch.
Da steht der Kellner auf.
Um acht Uhr steht Ilona auf.
Da macht die Krankenschwester Betten.

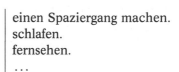

§ 41

15. Was meinen Sie?

Was kann	Willi Rose	zwischen drei Uhr	Er	kann	einen Spaziergang machen.
	Monika Hilger	und halb sieben	Sie		schlafen.
	Ilona Zöllner	machen?			fernsehen.
	Klaus Schwarz				...

MS Astor **Mittwoch, der 10. Juli** Was ist heute los?

Veranstaltungskalender

7.45 Uhr	Morgengymnastik mit Carla
10.45 Uhr	Vortrag: „Der Mensch und das Meer"
11.00 Uhr	Fotokurs
14.15 Uhr	Volleyball (Mannschaft gegen Passagiere)
15.45 Uhr	Tanzcafé
16.15 Uhr	Tennisspiel Astor-Cup Finale
17.00 Uhr und 19.30 Uhr	Film: „12 Uhr mittags" (mit Gary Cooper/Grace Kelly)
20.00 Uhr	Captain's Dinner Das große Galadiner – Der Kapitän lädt ein
21.15 Uhr	Piano-Konzert: Ragtime, Boogie & Blues (Klavier: Willy „the Hammer" Schulte)
21.30	Tanz – mit „Theos Tanzorchester"
ab 23.00 Uhr	Diskothek mit Charly

Bar:	bis 1.00 Uhr geöffnet
Boutique „Elvira":	von 9.00 Uhr bis 17.00 Uhr geöffnet
Bibliothek:	heute geschlossen

Achtung! Nicht vergessen: *Morgen um 10.00 Uhr findet der Landausflug nach Kreta statt!!*

16. Wann...? Wie lange...?

§ 19

Wann	fängt findet	die Gymnastik der Fotokurs das Tennisspiel ...	an? statt?	– Um 7 Uhr 45. – Um 11 Uhr. – Um 16 Uhr 15. – Um...

Wie lange ist	die Bar die Boutique	geöffnet?	– Bis...

Um Mitternacht kann man ...

17. Was kann man um... Uhr machen?

Was kann man um 7 Uhr 45 machen? – Um 7 Uhr 45 kann man...

18. Wie spät ist es?

Lesen Sie erst die Uhrzeit. Hören Sie dann die Kassette.
Es ist...

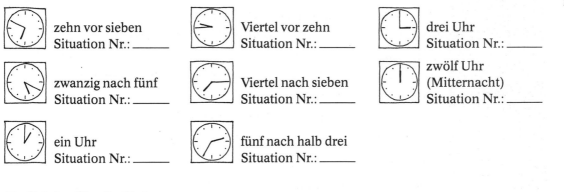

zehn vor sieben
Situation Nr.: _____

Viertel vor zehn
Situation Nr.: _____

drei Uhr
Situation Nr.: _____

zwanzig nach fünf
Situation Nr.: _____

Viertel nach sieben
Situation Nr.: _____

zwölf Uhr
(Mitternacht)
Situation Nr.: _____

ein Uhr
Situation Nr.: _____

fünf nach halb drei
Situation Nr.: _____

19. Spielen Sie die Dialoge.

○ Sag mal, hast du heute Abend schon was vor?

☐ Ja, ich möchte das Konzert hören.
○ Darf ich mitkommen?
☐ Ja, gern.
○ Wann fängt das denn an?
☐ Um Viertel nach neun.
○ Schön. Dann treffen wir uns um neun.
   In Ordnung?
☐ Gut. Bis dann!

☐ Nein, ich weiß noch nicht...
○ Ich möchte gern tanzen gehen.
   Kommst du mit?
☐ Tut mir Leid, aber ich habe keine Lust.
○ Schade.
☐ Vielleicht das nächste Mal.
○ Na gut – also dann tschüs.
☐ Tschüs.

§ 47
§ 24

20. Partnerübung: Hören Sie zwei weitere Dialoge auf der Kassette.

Spielen Sie die Situationen nach. Schreiben Sie dann selbst einen Dialog und spielen Sie ihn.

Hast du	heute Abend	schon was vor?
	morgen	früh	Zeit?
		Nachmittag	

Ich möchte gern	das Tennisspiel sehen.
	den Film mit G. C. sehen.
	das Piano-Konzert hören.
	tanzen gehen.
	schwimmen gehen.
	ein Bier trinken gehen.

Hast du Lust?
Kommst du mit?

| Wann | fängt das denn an? |
| | treffen wir uns? |

Tut mir Leid.
Ich habe | keine Zeit.
       | keine Lust.

Vielleicht | das nächste Mal.
       | morgen.

Ja, gern.
In Ordnung.

10		10		10		10		10		10	
11		11		11		11		11		11	
12		12		12		12		12		12	
13		13		13		13		13		13	
14		14		14		14		14		14	
15		15		15		15		15		15	}*Köln*
16		16		16		16		16		16	
17	}*einkaufen*	17	}*Deutschkurs*	17	}*mit Susanne*	17	}*Wohnung*	17		
18		18		18	}*Deutsch lernen*	18	}*aufräumen*	18		
19		19		19		19		19		
20	}*arbeiten*	20	}*mit Ruth*	20	}*Konzert*	20	}*tanzen*	20		
21		21	}*ins Kino*	21	}*Film „Mephisto"*	21		21		
22		22		22	}*im Fernsehen*	22		22		

| 12. Woche **März** Frühlingsanfang Montag **21** | Dienstag **22** | Mittwoch **23** | Donnerstag **24** | Mariä Verkündigung Freitag **25** | Samstag/Sonnabend **26** |

21. Sibylles Terminkalender.

Montagnachmittag muss Sibylle einkaufen gehen. Montagabend muss sie arbeiten.
Dienstagnachmittag muss sie… Dienstagabend möchte sie…
Mittwoch…

22. Üben Sie.

Ein Freund möchte mit Sibylle schwimmen gehen.

Er fragt:
„Kannst du Montagnachmittag?"

„Kannst du Montagabend?"
„Kannst du…?"
…

Sie antwortet:
„Tut mir Leid; da kann ich nicht.
Da muss ich einkaufen gehen."
„Leider nicht; da muss ich…"
„Tut mir Leid; da…"
…

23. Manfred hat nie Zeit…

37

JULI	
Mo 25	*Kino 20.30 (Beate)*
Di 26	*17.30 Hans Tischtennis*
Mi 27	*Claudia !!!*
Do 28	*Claudia + Hans Schwimmen*
Fr 29	*frei?*
Sa 30	*Rockkonzert*
So 31	*Beate!*

a) Hören Sie den Dialog.
b) Hören Sie den Dialog noch einmal und sehen Sie Manfreds Terminkalender an.

	Was *sagt* Manfred?	Was *macht* Manfred?
Montag	Ich gehe ins Kino.	Er geht ins Kino.
Dienstag	…	…
Mittwoch		
Donnerstag		
Freitag		
Samstag		

24. Lesen Sie die Ansichtskarte

25. Schreiben Sie eine Ansichtskarte.

..., 10. 7. 2001
Liebe(r) ...,
die Zeit hier ... ist ...
Ich stehe ...
Dann ... Hier kann man ...
Nachmittags ... Abends ...
Morgen ...

Herzliche Grüße
dein(e) ...

26. Und Sie? Was machen Sie gern in Ihrer Freizeit?

a) Partnerübung.

b) Erzählen Sie im Kurs:

	gern	nicht so gern	nie
lesen			
fernsehen			
spazieren gehen			
Rad fahren			
Ski fahren			
schwimmen			
Tennis spielen.			

	gern	nicht so gern	nie
fotografieren			
tanzen			
Freunde treffen			
Filme sehen			
Musik hören			
feiern			
...			

§ 39

5

Feierabend

○ Und was machen wir heute Abend?
□ Hm. – Hast du eine Idee?
○ Ich schlage vor, wir gehen mal ins Kino.
□ Kino. – Ich weiß nicht.
○ Oder hast du keine Lust?
□ Ich schlage vor, wir gehen mal ins Theater.
○ Theater. – Ich weiß nicht.
□ Oder hast du keine Lust?
○ Ich schlage vor, wir gehen mal ins Kabarett.
□ Kabarett. – Ich weiß nicht.
○ Oder hast du keine Lust?
□ Ich schlage vor, wir gehen mal ins Konzert.
○ Konzert. – Ich weiß nicht.
□ Oder hast du keine Lust?
○ Offen gesagt – nicht so sehr.
□ Ja dann.
○ Ach, weißt du was: wir bleiben heute mal zu Hause.
□ Wie immer!
○ Und sehen fern.
Das kostet wenigstens nichts.

Wir Macher

ich mache Sport
du machst Yoga
er macht Politik
sie macht Theater
wir alle machen Fehler
ihr alle macht Dummheiten
sie alle machen Quatsch

die Küche

die Speise-
kammer

das Kinderzimmer

Lektion 5

das Bad

das Schlafzimmer

der Balkon

das Treppenhaus

der Flur

das Wohnzimmer

die Terrasse

der Hobbyraum

der Keller

Das ist Michael Wächter (22). Er ist Bank-kaufmann von Beruf. Jetzt wohnt er noch bei seinen Eltern. Aber in zwei Wochen zieht er um. Dann hat er selbst eine Wohnung. Die Wohnung hat ein Wohnzimmer, ein Schlaf-zimmer, ein Bad, eine Küche und einen Flur. Das Schlafzimmer und die Küche sind ziem-lich klein. Das Bad ist alt und hat kein Fen-ster. Aber das Wohnzimmer ist sehr schön und hell. Es hat sogar einen Balkon. Michael Wächter ist zufrieden.

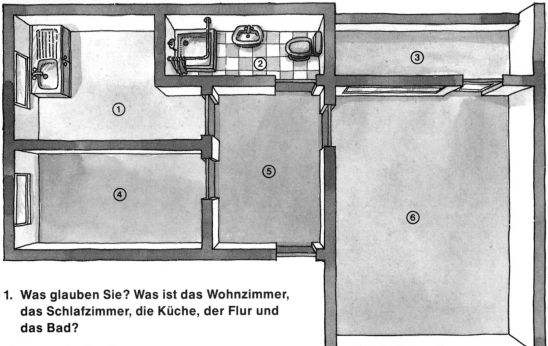

1. Was glauben Sie? Was ist das Wohnzimmer, das Schlafzimmer, die Küche, der Flur und das Bad?

Nummer eins ist die ...

2. Beschreiben Sie die Wohnung.

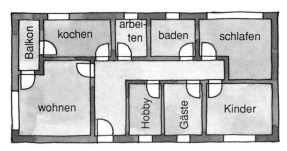

Die Wohnung hat | einen | Hobbyraum.
| | ...
| eine | ...
| ein | Gästezimmer.
| | Arbeitszimmer.
| | ...

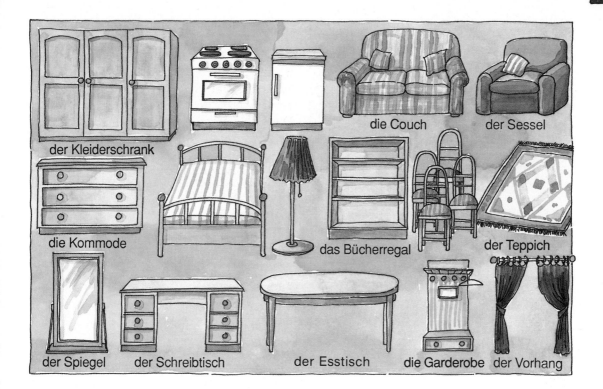

der Kleiderschrank

die Couch   der Sessel

die Kommode

das Bücherregal   der Teppich

der Spiegel   der Schreibtisch   der Esstisch   die Garderobe   der Vorhang

**3. Was ist für das Wohnzimmer, das Schlafzimmer, die Küche, den Flur?
Was meinen Sie?**

Der	…	ist	für	den Flur.
Die		sind		die Küche.
Das				das …-zimmer.

für + Akkusativ

4. Hören Sie den Dialog.

Was braucht Michael Wächter noch? Was hat er schon?

a) Er braucht noch | einen | Elektroherd. | Er hat noch | keinen.
| | eine | … | | keine.
| | ein | | | keins.

Er braucht noch | Stühle. | Er hat noch | keine.
| | … |

b) Er braucht | keinen | … | Er hat schon | einen.
| | keine | | | eine.
| | kein | | | eins.

Er braucht | keine | Regale. | Er hat schon | welche.
| | | … |

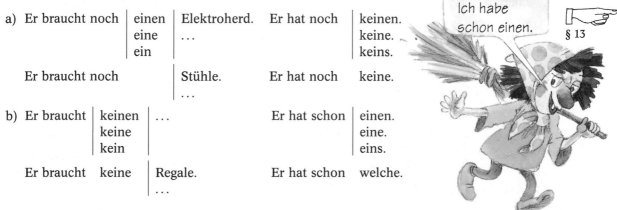

Ich brauche keinen Besen. Ich habe schon einen.

39

§ 13

5. Hören Sie und lesen Sie.

○ Schau mal, hier sind Esstische.
Wie findest du den hier?

□ Meinst du den da?

○ Ja.

□ Den finde ich nicht schön. Der ist zu groß.

○ Und die Kommode hier? Wie findest du
die?

□ Die sieht gut aus. Was kostet die denn?

○ 195 Euro.

Definitartikel	=	Definitpronomen
Wie findest du	**den Kleiderschrank?**	**Der** ist zu groß. **Den** finde ich hässlich.
	die Kommode?	**Die** ist schön. **Die** finde ich praktisch.
	das Regal?	**Das** ist zu klein. **Das** finde ich unpraktisch.
	die Stühle?	**Die** sind bequem. **Die** finde ich unbequem.

6. Üben Sie.

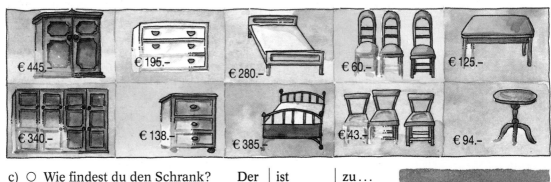

€ 445.– € 195.– € 280.– € 60.– € 125.–

€ 340.– € 138.– € 385.– € 43.– € 94.–

§ 12
§ 20

c) ○ Wie findest du den Schrank?
□ Meinst du den für 445 Euro?
○ Nein, den für 340 Euro.
□ Der ist zu groß.

Der	ist	zu ...
Die		...
Das		
Die sind		

Den	finde ich	...
Die		zu ...
Das	mag ich.	
Die	mag ich nicht.	

hässlich   teuer

bequem

schön   klein

groß   unbequem

7. Hören Sie die Dialoge.

Ordnen Sie dann die Sätze und schreiben Sie die Dialoge.

☐ Die finde ich zu modern, die mag ich nicht.
☐ Nein, ich habe noch keine.
○ Und die hier? Magst du die?
☐ Meinst du die für 62 Euro?
○ 48 Euro.
○ Nein, die da.
☐ Die ist schön. Was kostet die denn?
○ Schau mal! Hier sind Lampen. Hast du schon welche?
○ Wie findest du denn die dort?

☐ Der sieht nicht schlecht aus. Wie teuer ist der denn?
○ Und wie findest du den da?
☐ Nein, ich habe noch keine.
○ Findest du den gut?
○ Guck mal, hier gibt es Vorhänge. Hast du schon welche?
☐ Nein, der ist doch hässlich.
○ 98 Euro.

8. Spielen Sie ähnliche Dialoge im Kurs.

| ○ Schau mal! | Hier sind | Lampen/Vorhänge/ |
| Guck mal! | Hier gibt es | Gläser/... |

| Hast du schon welche? | ☐ Nein, ich habe noch keine. |

○ Wie findest	du	den	da?	☐ Der	ist	sehr	...
Magst		die	dort?	Die		...	
		das	hier?	Das			
		die		Die sind			

teuer hässlich
klein groß billig
... schön gut

○ Meinst du	den	da?	☐ Ja.
	die	hier?	Nein,	den	da.
	das	dort?		die	dort.
		für... Mark?		das	hier.

○ Findest du	den	schön?	☐ Ja,	der	sieht	gut	aus.
	die	gut?		die		...	
	das	...		das			
			Nein,	den	mag ich nicht.
				die	
				das	

9. Hören Sie das Gespräch.

Was sagt Michael Wächter? Welche Sätze hören Sie?

a) ☐ Meine Mutter mag Kinder gern.
   ☐ Für meine Mutter bin ich noch ein Kind.

b) ☐ Zu Hause darf ich keine Musik hören.
   ☐ Ich darf zu Hause keinen Alkohol trinken.

c) ☐ Jetzt bin ich sehr glücklich.
   ☐ Jetzt bin ich ganz frei.

d) ☐ Ich möchte jetzt mein Leben leben.
   ☐ Ich möchte nicht mehr zu Hause leben.

2

Wohnungsmarkt

Häuser

Ffm-Eschersheim
Reihenhaus, 4 Zi. Küche, Bad, Gäste-WC, Hobbyraum, Sauna im Keller, Garten, Garage, 126 m², ab 1. 3. frei. Miete € 1200,– + Nk. u. Kt.
Main-Immobilien 0 69/14 38 66

Ffm-Praunheim
ruhig wohnen und doch in der Stadt: 1-Fam.-Haus, 5 Zimmer, Küche, 2 Bäder, Fußbodenheizung, Garten, Garage, Miete € 1300,– + Nk. u. Kt.
Konzept-Immobilien 0 69/81 25 77

Traumhaus in Bergen-Enkheim
6 Zi., Wohnküche, Bad/WC, Dusche/WC, Sauna, Keller, Hobbyraum, ab sofort, Miete € 1600,– + Nk. u. Kt., Mietvertrag 5 Jahre fest
G & K – Immobilien 0 69/68 49 58

Bungalows

Bad Homburg
Neubau, noch 66 Tage, dann können Sie einziehen, Luxus-Bungalow mit viel Komfort und 1500 m² Garten, 5 Zimmer, 234 m², 2 Bäder, Gäste-WC, Hobbyraum, zwei Garagen. € 2425,– + Nk. u. Kt.
Rufen Sie an: Berg & Partner Immobilien 0 69/47 59 72

Wohnungen

4-Zi., Ffm-Seckbach
100 m² + Dachterrasse, 2 Bäder, ruhig, in 5-Familien-Hs., frei ab 1. 2., nur € 1000,– + Nk. u. Kt.
VDM GABLER-Immobilien

Maintal (15 km von Ffm-City)
Kinder willkommen, 4 Zi., 105 m², gr. Wohn-/Esszimmer, Süd-Balkon, Garage, ab sofort frei, Miete € 700,– + Nk. u. Kt.
ab Mo. 0 6 81/67 85 12

Ffm-Nordend
Neubau, 3½ Zi., Luxus-Kü., Bad, Balkon, Tiefgarage, ca. 89 m², Aufzug, 6. Stock, € 790,– + Nk. u. Kt.
Schmitt-Immobilien GmbH Bergstr. 11, 0 69/45 23 12

Billig wohnen und Geld verdienen
4-Zi.-Wohnung für Hausmeister frei. Ffm-West, Erdgeschoss, 97 m², Balkon, 2 Toiletten, ruhig, Garten; pro Woche 10 Stunden Hausmeisterarbeit. Miete € 590,– + Nk. 0 69/19 76 45

Frankfurt
4-Zimmer-Wohnung mit Küche, Bad/WC, Gäste-WC, 2 Balkone, 102 m² + Keller u. Tiefgarage, Hausmeister. Miete € 975,– Jäger Immobilien 0 69/57 86 98

Ffm-Griesheim
von privat 4-Zi.-Dachwohnung für Ehepaar ohne Kinder, Bad, Duschbad, ab 15. 2. € 520,– + Nk. u. Kt. 0 69/37 49 82 (nach 18.00 Uhr)

10. Ergänzen Sie die Tabelle.

Nr.	Wo?	Wie viele Zimmer?	Was für Räume?	Garten?	Wie groß?	Wie teuer?
1	Frankfurt	4	Küche, Bad, Gäste-WC, Hobbyraum, Sauna, Keller, Garage	ja	126 m²	€ 1200,–
2 ...						

11. Beschreiben Sie die Wohnungen und Häuser (Nr. 1–10).

§ 11

1 Das Haus liegt in Frankfurt-Eschersheim. Es hat vier Zimmer, eine Küche, ein Bad, ein Gäste-WC, einen Hobbyraum, eine Sauna, einen Keller, einen Garten und eine Garage. Das Haus ist 126 Quadratmeter groß. Es kostet 1200 Euro Miete.

2 Die Wohnung ist in ... Sie ist ... groß und hat ... eine ... und ... Die Wohnung ist ... Sie kostet ...

3 Der Bungalow liegt ... Er ... Der Bungalow ...

...

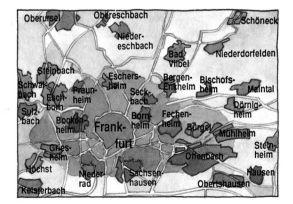

Familie Höpke, 2 Kinder (4 und 8 Jahre)
Familieneinkommen: 1900 € pro Monat
Herr Höpke ist Postbeamter.
Frau Höpke ist Hausfrau.

Wir suchen eine Wohnung in Frankfurt. Wir haben eine in Steinheim, aber die hat nur drei Zimmer, ein Bad und eine Küche. Das ist zu wenig. Die Kinder möchten beide ein Zimmer haben. Die Wohnung ist nicht schlecht, und sie kostet nur 398 Euro. Aber ich arbeite in Frankfurt und die Verkehrsverbindungen von Steinheim nach Frankfurt sind sehr schlecht. Morgens und nachmittags muss ich über eine Stunde fahren. Unter 750 Euro bekommt man in Frankfurt keine 4-Zimmer-Wohnung. Das können wir nicht bezahlen. Trotzdem – wir suchen weiter. Vielleicht haben wir ja Glück.

Wir wohnen in Frankfurt, in Bockenheim. Unsere Wohnung ist nicht schlecht. Sie hat vier Zimmer, eine Küche, ein Bad und eine Gästetoilette. Sie liegt sehr günstig. Leider ist die Wohnung sehr laut und sie hat keinen Balkon. Wir bezahlen 865 Euro kalt. Ein Haus mit Garten ist unser Traum. Es gibt aber leider nur wenige Häuser. Und die sind fast immer sehr teuer und liegen auch meistens außerhalb. Mein Mann und ich, wir arbeiten beide in Frankfurt, und wir wollen hier auch wohnen. Eigentlich möchten wir gerne bauen, aber das geht nicht. In Frankfurt kann das niemand bezahlen.

Herr und Frau Wiegand (keine Kinder)
Frau Wiegand ist Arzthelferin.
Herr Wiegand ist Lehrer.
Familieneinkommen: 3400 Euro pro Monat

12. Wie finden die Familien ihre Wohnungen?

Notieren Sie Stichworte und erzählen Sie dann.

13. Suchen Sie eine Wohnung für Familie Höpke und für Familie Wiegand.

14. Hören Sie die Gespräche.

a) Welches Haus möchten Herr und Frau Wiegand anschauen? Nr.: _____
b) Welche Wohnung möchte Familie Höpke anschauen?   Nr.: _____

❒ **43**

15. Wie möchten Sie gern wohnen? Wie sieht Ihr Traumhaus aus?

Mein Traumhaus ist ...
Es hat ...

Meine Traumwohnung ist ...
Sie hat ...

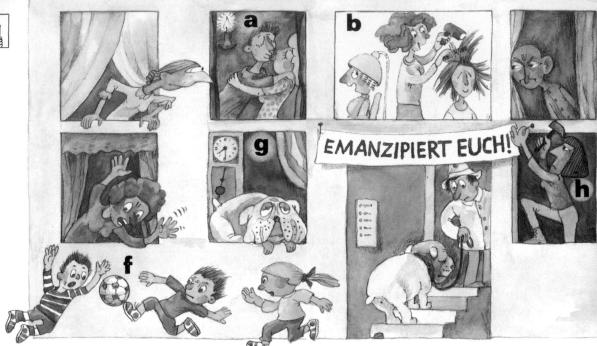

Streit im Haus

Was darf man, was darf man nicht?
Viele Leute wissen das nicht.
Wir informieren Sie über wichtige
Gerichtsurteile.

(1) Vögel darf man auf dem Fensterbrett füttern.
Aber keine Tauben, die machen zu viel
Dreck.

(2) An der Außenwand oder am Fenster dürfen
Sie keine Politparolen aufhängen.

(3) Von 13.00 bis 15.00 Uhr und von 22.00 Uhr
bis 7.00 Uhr dürfen Sie im Haus keinen Krach
machen, und auch nicht draußen im Hof oder
im Garten. Auch die Kinder müssen dann leise
spielen.

(4) In der Wohnung darf man pro Tag 90 Minuten Musik machen. Aber man darf die Nachbarn nicht zu sehr stören.

(5) Ihr Partner oder Ihre Partnerin darf in Ihrer
Wohnung oder in Ihrem Appartement woh-
nen. Man muss den Vermieter nicht fragen.
Er kann es nicht verbieten.

(6) In einer Mietwohnung darf man ohne
Erlaubnis kein Geschäft betreiben und keine
Waren herstellen.

(7) Verbietet Ihr Mietvertrag Haustiere? Nein?
Dann dürfen Sie welche in Ihrer Wohnung
haben. Sonst müssen Sie den Vermieter
fragen.

(8) Auf dem Balkon oder auf der Terrasse dürfen
Sie grillen, aber Sie dürfen Ihre Nachbarn
nicht stören.

(9) Ohne Erlaubnis dürfen Sie auf dem Dach
oder am Schornstein keine Antenne
montieren. Sie müssen vorher Ihren Vermieter fragen.

(10) In Ihrer Mietwohnung, in Ihrem Haus oder
in Ihrem Garten dürfen Sie auch mal nachts
laut feiern. Aber bitte informieren Sie vorher
Ihre Nachbarn.

16. Welche Bilder und welche Urteile passen zusammen?

Bild	Urteil
a	
b	
c	
d	
e	

Bild	Urteil
f	
g	
h	
i	
j	

Wo → in/an/auf + Dativ

im	(in ihrem)	Garten	**am**	Schornstein	**auf dem**	Balkon
in der	(in ihrer)	Wohnung	**an der**	Außenwand	**auf der**	Terrasse
im	(in ihrem)	Haus	**am**	Fenster	**auf dem**	Fensterbrett

im = in dem

am = an dem

17. Was dürfen Sie? Was dürfen Sie nicht? Was müssen Sie tun? Was müssen Sie nicht tun?

Im/In der	Wohnung	darf ich...	Ich muss...	
In einem/In einer	Haus	darf ich nicht...	Ich muss nicht...	
In meinem/In meiner	Appartement			§ 3
Am/An der	Balkon			§ 16 a)
An einem/An einer	Garten			
An meinem	Hof			
Auf dem/Auf der	Dach			
Auf einem/Auf einer	Schornstein			
Auf meinem/Auf meiner	Terrasse			
...	Fenster			
	Außenwand			
	Hausflur			

18. Interview. Haben Sie Ärger mit Nachbarn?

a) Was glauben Sie? Wer wohnt...

in einem Mietshaus?

in einem Reihenhaus?

in einem Studentenheim?

in einem Hochhaus?

b) Wer sagt das?

(1) ☐ Unsere Nachbarn sind sehr nett.

(2) ☐ Wissen Sie, ich kenne meine Nachbarn gar nicht. Ärger gibt es nicht.

(3) ☐ Meine Kinder sind noch klein und natürlich machen sie auch Lärm. Da gibt es manchmal Ärger.

(4) ☐ Ja, manchmal gibt es Ärger, aber dann diskutieren wir das Problem. Am Ende ist immer alles okay.

c) Hören Sie jetzt die Interviews.

19. Liebe Helga!

1 44

a) Lesen Sie die Karte.

> Solingen, 6. 8. 01
>
> Liebe Helga,
> endlich habe ich Zeit für eine Karte. Wir sind sehr
> glücklich: Seit 6 Wochen haben wir ein Haus! Endlich
> haben wir genug Platz. Das Haus hat 5 Zimmer.
> Besonders die Kinder sind sehr glücklich. Beide haben
> jetzt ein Zimmer und sie können im Garten spielen.
> Auch wir sind zufrieden. Das Haus liegt fantastisch
> und es ist auch nicht zu teuer.
> Komm doch bald mal nach Solingen.
> Wir haben jetzt auch ein Gästezimmer.
> Herzliche Grüße
> Claudia und Richard

b) Svenja und Jürgen haben jetzt eine 4-Zimmer-Wohnung. Sie schreiben an ihren Freund Herbert Kroll in 14482 Potsdam, Hermann-Maaß-Straße 12. Die Wohnung ist hell, liegt sehr ruhig und hat einen Balkon. Svenja und Jürgen möchten Herbert einladen. Er kann im Arbeitszimmer schlafen.
Schreiben Sie die Karte an Herbert Kroll.

Strandhotel Hiddensee

Urlaub auf der
Ostseeinsel Hiddensee
ist ein Erlebnis. Es gibt keine Industrie
und Autos dürfen auf der Insel nicht
fahren, denn Hiddensee ist ein Natur-
schutzgebiet. Die Strände sind sauber,
die Wiesen und Wälder sind noch
nicht zerstört. Hier finden Sie Ruhe
und Erholung.

Ein Erlebnis ist auch
unser Strandhotel Hidden-
see. Es liegt direkt am Strand
und bietet viel Komfort.
Alle Zimmer haben Bad und WC und
einen Balkon. Es gibt ein Hallenbad mit
Sauna, einen Privatstrand, eine Terrasse,
eine Bar, ein Café, ein Restaurant, eine
Diskothek, einen Leseraum, ein Fernseh-
zimmer ...

**Urlaub in unserem Strandhotel
ist ein Erlebnis.**

20. Wo kann man im Strandhotel...?

Wo finden Sie was?

2. Stock:	Gästezimmer Fernsehzimmer	
1. Stock:	Frühstückszimmer Leseraum Gästezimmer	*Anbau:* Sauna Kiosk Reisebüro
Erdgeschoss:	Rezeption Restaurant Terrasse Telefonzelle	
Keller:	Bar Diskothek	Hallenbad

O Wo kann man | fernsehen?
　　　　　　　 | ...

□ Im | Fernsehzimmer
　 In der | Kiosk Rezeption
　 Am | Terrasse
　 An der | ...
　 Auf der |

frühstücken Leute treffen telefonieren ein Bier trinken
einen Ausflug buchen in der Sonne liegen Mittag essen
flirten ein Zimmer buchen Zigaretten kaufen tanzen
einen Mietwagen leihen Kaffee trinken fernsehen ...
einen Wein trinken eine Zeitung lesen
Touristeninformationen bekommen eine Zeitung kaufen

5

Wohnen –
alternativ
Herr Peißenberg (O) zeigt seinen Gästen (□ und △) die neue Wohnung.

45

O Hier ist die Küche, da schlafen wir.
□ Ach, Sie schlafen in der Küche?
△ Wie interessant!
O Ja, wir schlafen immer in der Küche.
□ Und wo kochen Sie?
O Kochen? Wir kochen natürlich im Schlafzimmer.
△ Was? – Sie kochen wirklich im Schlafzimmer?
O Ja, natürlich.
□ Sehr interessant!

△ Und das hier, das ist wohl das Bad?
O Ja, da wohnen wir.
□ Wie bitte? – Sie wohnen im Bad?
O Ja. Wir finden das sehr gemütlich.
□ Gemütlich, na ja. Ich weiß nicht.
△ Aber es ist sehr originell.

O Und hier das Wohnzimmer, da baden wir!
□ Was? Sie baden wirklich im Wohnzimmer?
O Ja, das ist so schön groß. Wissen Sie, wir leben nun mal alternativ.
△ Das stimmt.
O Wir möchten jetzt essen. Sie essen doch mit?
□ Essen? Wo denn? O Gott, nein! Ich habe leider keine Zeit.
△ Ich leider auch nicht. Auf Wiedersehen, und vielen Dank!

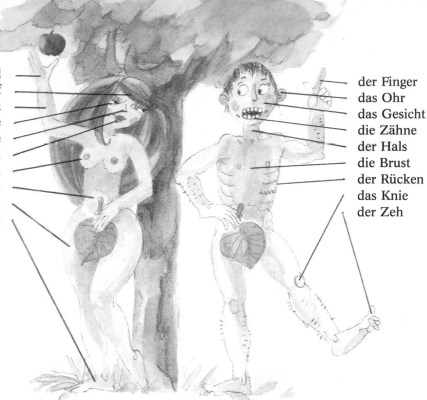

die Hand
der Kopf
der Arm
das Auge
die Nase
der Mund
der Busen
der Bauch
das Bein
der Fuß

der Finger
das Ohr
das Gesicht
die Zähne
der Hals
die Brust
der Rücken
das Knie
der Zeh

1. Frau Bartels und Herr Kleimeyer sind immer krank.

§ 6 b)

Frau Bartels hat jeden Tag eine
Krankheit.
Montag kann sie nicht arbeiten,
ihr Hals tut weh.
Dienstag kann sie nicht...,
ihr... tut weh.

Auch Herr Kleimeyer hat jeden
Tag eine Krankheit.
Montag tut sein Rücken weh,
und er kann nicht schwimmen.
Dienstag tut..., und...

arbeiten   fotografieren
essen   feiern
fernsehen
aufstehen
Deutsch lernen
aufräumen
Fußball
Tennis | spielen   kochen
einkaufen   hören
Auto fahren
gehen   lesen
Rad fahren
rauchen   schlafen   sehen
schwimmen   schreiben
sprechen   trinken   tanzen

70   siebzig

2. Er/sie ist krank. Was hat er/sie?

4

5

6

2

3

1

Seine	Brust	tut weh.
Ihre	Hand	
	Nase	

Er	hat	Zahnschmerzen.
Sie		Kopfschmerzen.
		Bauchschmerzen.

Er	ist erkältet.
Sie	

Sein	Zahn	tut weh.
Ihr	Kopf	
	Bauch	
	…	

Seine	Beine	tun weh.
Ihre	Zähne	
	Füße	

Er	hat	Grippe.
Sie		Fieber.
		Durchfall.

3. Hören Sie die Gespräche und kreuzen Sie an.

Herr Kaleschke	Peter	Walter	Frau Herzog	
				hat Kopfschmerzen.
				hat Schnupfen.
				hat Husten.
				hat Grippe.
				muss Klavier spielen.
				kann nicht arbeiten.
				möchte nicht mitkommen.
				nimmt Hustenbonbons.
				Wer bekommt diesen Rat?
				„Nehmen Sie Nasentropfen."
				„Bleiben Sie im Bett."
				„Trink Hustentee."
				„Nimm eine Tablette."

§ 26

Leser fragen – Dr. Braun antwortet
Sprechstunde

Dr. med. C. Braun
beantwortet Leserfragen über
das Thema Gesundheit und
Krankheit. Schreiben Sie an
das Gesundheitsmagazin. Ihre
Frage kann auch für andere
Leser wichtig sein.

② *Lieber Doktor Braun,
ich habe oft Halsschmerzen und
dann bekomme ich immer Penizillin.
Ich will aber kein Penizillin nehmen.
Was soll ich tun?*
Erna E., Bottrop

Ⓑ Sie wollen keine Antibiotika neh-
men, das verstehe ich. Seien Sie
dann aber vorsichtig! Gehen Sie
nicht oft schwimmen, trinken Sie
Kamillentee und machen Sie jeden
Abend Halskompressen. Vielleicht
kaufen Sie ein Medikament aus
Pflanzen, zum Beispiel Echinacea-
Tropfen. Die bekommen Sie in der
Apotheke.

③ *Lieber Doktor Braun,
ich habe oft Schmerzen in der Brust,
besonders morgens. Ich rauche
nicht, ich trinke nicht, ich treibe viel
Sport und bin sonst ganz gesund.
Was kann ich gegen die Schmerzen
tun?*
Herbert P., Bonn

① *Sehr geehrter Herr Dr. Braun,
mein Magen tut immer so weh. Ich
bin auch sehr nervös und kann nicht
schlafen. Mein Arzt weiß auch keinen Rat. Er sagt nur, ich soll nicht so
viel arbeiten. Aber das ist unmöglich.*
Willi M., Rinteln

Ⓒ Ihr Arzt hat Recht. Magenschmerzen, das bedeutet Stress! Vielleicht
haben Sie ein Magengeschwür. Das
kann schlimm sein! Sie müssen viel
spazieren gehen. Trinken Sie keinen
Kaffee und keinen Wein. Sie dürfen
auch nicht fett essen.

Ⓐ Ihre Schmerzen können sehr ge-
fährlich sein. Da kann ich leider
keinen Rat geben. Sie müssen unbedingt zum Arzt gehen. Warten Sie
nicht zu lange!

4. Welcher Leserbrief und welche Antwort passen zusammen?

5. Herr P., Frau E., Herr M.

Wer hat...	Herr/Frau...	Was soll er/sie tun?	Was soll er/sie nicht tun?
Brustschmerzen? Halsschmerzen? Magenschmerzen?	*Herbert P.*	*vorsichtig sein,*	*fett essen,*

Welche Ratschläge gibt Dr. Braun?

Frau E. soll vorsichtig sein.
Herr ... soll nicht fett essen und keinen Wein trinken.
Herr ...
Frau ...

§ 35
§ 25

6. Üben Sie.

○ Möchtest du einen Kaffee?
□ Nein danke, ich darf nicht.
○ Warum denn nicht?
□ Ich habe ein Magengeschwür.
  Der Arzt sagt, ich soll keinen Kaffee trinken.
○ Darfst du denn Tee trinken?
□ Oh ja, das soll ich sogar.

Kaffee – ein Magengeschwür haben – Tee
Eis essen – Durchfall haben – Schokolade
Kuchen – Verstopfung haben – Obst
Schweinebraten – zu dick sein – Salat
Kaffee – nervös sein – Milch
Butter – zu viel Cholesterin haben – Margarine
...

7. Beim Arzt. Hören Sie zu und beantworten Sie die Fragen.

1) Was für Schmerzen hat Herr Heidemann?
2) Isst Herr Heidemann viel?
3) Muss er viel arbeiten?
4) Trinkt er Bier oder Wein?
5) Trinkt er viel Kaffee?
6) Raucht er?
7) Nimmt er Tabletten?
8) Was sagt die Ärztin: Welche Krankheit hat
   Herr Heidemann?
9) Was soll Herr Heidemann jetzt tun?
10) Wie oft soll er das Medikament nehmen?

3

Jeden Morgen das Gleiche: Der Wecker klingelt. Doch Sie sind müde und schlapp. Sie möchten gern weiterschlafen – endlich einmal ausschlafen... Für jeden vierten Deutschen (davon mehr als zwei Drittel Frauen) sind die Nächte eine Qual – sie können nicht einschlafen oder wachen nachts häufig auf. Gegen Schlafstörungen soll man unbedingt etwas tun, denn sie können krank machen. Zuerst muss man die Ursachen kennen. Zu viel Kaffee, zu viele Zigaretten oder ein schweres Essen am Abend, aber zum Beispiel auch Lärm, zu viel Licht oder ein hartes Bett können den Schlaf stören. Manchmal sind aber auch Angst, Stress oder Konflikte die Ursache. Was können Sie also tun?

Schlafstörungen

Tipps für eine ruhige Nacht

- Gehen Sie abends spazieren oder nehmen Sie ein Bad (es muss schön heiß sein!).
- Die Luft im Schlafzimmer muss frisch sein. Das Zimmer muss dunkel sein und darf höchstens 18 Grad warm sein.
- Nehmen Sie keine Medikamente. Trinken Sie lieber einen Schlaftee.
- Auch ein Glas Wein, eine Flasche Bier oder ein Glas Milch mit Honig können helfen.
- Schreiben Sie Ihre Probleme auf. Sie stehen dann auf dem Papier und stören nicht ihren Schlaf.
- Hören Sie leise Musik.
- Machen Sie Meditationsübungen oder Joga.

Und dann: Schlafen Sie gut!

---

8. Was soll/kann man gegen Schlafstörungen tun?

Man soll abends spazieren gehen.
Man kann auch...
Man soll...

9. Ein Freund/eine Freundin hat Schlafstörungen. Welche Ratschläge können Sie geben?

Geh abends spazieren!
§ 26   Nimm...
§ 34   Trink...

10. Welche Ratschläge können Sie geben bei...?

Erkältung
Halsschmerzen
Kopfschmerzen
Fieber
Schnupfen
Magenschmerzen
Durchfall
Zahnschmerzen
Kreislaufstörungen
...

Kamillentee trinken
Vitamintabletten nehmen
spazieren gehen
Obst essen
...
nicht rauchen
Sport treiben

"...aber erst um Mitternacht!"

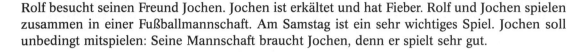

Rolf besucht seinen Freund Jochen. Jochen ist erkältet und hat Fieber. Rolf und Jochen spielen zusammen in einer Fußballmannschaft. Am Samstag ist ein sehr wichtiges Spiel. Jochen soll unbedingt mitspielen: Seine Mannschaft braucht Jochen, denn er spielt sehr gut.

11. Hören Sie erst das Gespräch. Rekonstruieren Sie dann den Dialog.

(Der Text auf der Kassette ist nicht genau gleich!)

2 3

> Das sagst du! Aber mein Arzt sagt, ich soll im Bett bleiben.
>
> Ach, dein Arzt! Komm, spiel doch mit.
>
> Na, dann nicht. Also gute Besserung!
>
> Jochen, du musst am Samstag unbedingt mitspielen.
>
> Ich habe Fieber.
>
> Ein bisschen Fieber, das ist doch nicht so schlimm.
>
> Nein, ich will lieber im Bett bleiben.
>
> 90 Minuten kannst du bestimmt spielen.
>
> Ich möchte ja gern, aber ich kann wirklich nicht.

12. Schreiben Sie einen ähnlichen Dialog mit Ihrem Nachbarn. Spielen Sie dann den Dialog. Hier sind weitere Situationen:

Roland hat Halsschmerzen.
Er spielt in einer Jazzband
Trompete.
Am Wochenende müssen sie
spielen.

Frau Wieland ist Buch-
halterin.
Sie ist seit 10 Tagen krank.
Sie hat Rückenschmerzen.
Ihr Chef, Herr Knoll, ruft an.
Sie soll kommen, denn es gibt
Probleme in der Buch-
haltung.

5

Mensch, Lisa, was hast du gemacht?

Was ist denn bloß passiert?

Erzähl mal!

Na ja, es ist Samstag passiert ...

1. Dann habe ich die Bierflaschen nach unten gebracht.

5. Meine Kollegin ist gekommen und hat geholfen.

13. Und was ist nun wirklich passiert?

Ordnen Sie die Bilder.
Es gibt drei Geschichten.
(Nur eine ist wirklich passiert.)

A			
B			
C			

14. Hören Sie die drei Geschichten auf der Kassette.

2 4

15. Erzählen Sie die Geschichten mit Ihren Worten:

§ 29, 30
§ 37

Am Samstag hat Lisa ...
Dann/plötzlich ...

er/sie **hat** ...		er/sie **ist** ...
gearbeitet	gesagt	aufgestanden
aufgeräumt	geschrien	gefallen
gebracht	gespielt	gegangen
geholfen	getan	hingefallen
geholt		gekommen

9. Dann bin ich hingefallen.

2. Ich habe Fußball gespielt.

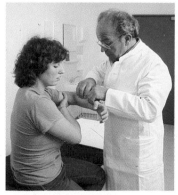

3. Mein Arm hat sehr weh getan und ich bin zum Arzt gegangen.

4. Mensch, da habe ich laut geschrien.

6. Plötzlich ist meine Hand in die Maschine gekommen.

7. Meine Freundin hat den Arzt geholt. Er hat gesagt: „Das Bein ist gebrochen.“

8. Ich bin wieder aufgestanden. Aber das Bein hat zu sehr weh getan.

10. Plötzlich bin ich gefallen.

11. Ich habe die Küche aufgeräumt.

12. Ich habe wie immer an der Maschine gearbeitet.

16. Was braucht man im Winterurlaub?

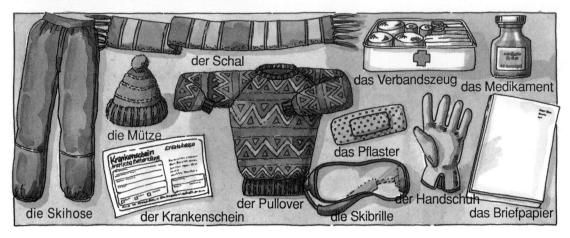

der Schal

die Mütze

das Verbandszeug das Medikament

das Pflaster

die Skihose

der Krankenschein

der Pullover

die Skibrille

der Handschuh

das Briefpapier

17. Was sagen die Eltern?

Heike und Hartmut fahren nach Lenggries in Bayern. Sie wollen dort Ski fahren. Sie packen ihre Koffer. Die Eltern sagen:

§ 26

Nehmt	die Skihosen	mit!
Packt auch	die Schals	ein!
Vergesst	die Mützen	nicht!
	...	

18. Am Bahnhof.

2 5

Was haben Heike und Hartmut eingepackt?

☐ Skihosen ☐ Skibrillen ☐ Krankenscheine
☐ Pullover ☐ Handschuhe ☐ Verbandszeug
☐ Schals ☐ Medikamente ☐ Briefpapier

19. Üben Sie.

§ 6 b)

a)

○ Habt *ihr eure* | Skihosen | eingepackt?
| ... | mitgenommen?

☐ Ja, *unsere* Skihosen | eingepackt.
haben *wir* | mitgenommen.

☐ Nein, *unsere* Skihosen | nicht eingepackt.
haben *wir* | nicht mitgenommen.
| vergessen.

b)

○ Haben die beiden *ihre* Skihosen dabei?

☐ Ja, *ihre* Skihosen haben sie dabei.

☐ Nein, *ihre* Skihosen haben sie nicht dabei.

Hartmut hat in Lenggries Ski fahren gelernt.
Der Skikurs hat drei Wochen gedauert.
Hier das Tagesprogramm:

20. Erzählen Sie:

Hartmut ist jeden Tag um 7.00 aufgestanden...

frühstücken	–	hat gefrühstückt
Ski fahren	–	ist Ski gefahren
trinken	–	hat getrunken
essen	–	hat gegessen
haben	–	hat gehabt

Skikurs Anfänger 3

Lehrer: *Hannes Pfisterer*

7.00	aufstehen
7.45	Frühstück
9.00–11.00	Skiunterricht
11.30	Mittagessen
13.00–15.00	Skiunterricht
18.00	Abendessen

Aber ein Tag war ein Unglückstag.
Erzählen Sie:

7 Der eingebildete Kranke

O Herr Doktor, ich bin nicht gesund.

□ So? Wo fehlt's denn?

O Das weiß ich auch nicht.

□ Sie wissen es nicht... aber Sie sind krank?

O Krank? Glauben Sie, ich bin krank?

□ Ich frage Sie! Ich weiß das nicht.

O Aber – Sie sind doch der Arzt!

□ Haben Sie denn Schmerzen?

O Bis jetzt nicht. Aber vielleicht kommt das noch.

□ Unsinn! Essen Sie normal?

O Wenig, Herr Doktor, sehr wenig.

□ Das heißt, Sie haben keinen Appetit?

O Oh doch! Ich esse zwar wenig, aber das dann mit viel Appetit.

□ Aha! Trinken Sie auch sehr wenig?

O Nein, Herr Doktor, ich trinke sehr viel. Bier, Limonade, und vor allem Wasser. Ich habe immer einen furchtbaren Durst.

□ Interessant. Woher kommt wohl dieser Durst?

O Na ja, ich schwitze sehr viel.

□ So? Und warum schwitzen Sie so viel?

O Ich... wissen Sie... ich laufe ständig zum Arzt...

□ Ich verstehe. – Wo sind Sie versichert?

O Versichert? Ich... ich bin nicht versichert.

□ Aha! Gut. Ich schicke Ihnen dann die Rechnung.

O Die Rechnung, ach so... Sehen Sie, Herr Doktor, jetzt schwitze ich schon wieder...

kochen

Wohnung
aufräumen

Brief schreiben

Lektion 7

fernsehen

ins Bett
gehen

KONZERT
SAAL

KINO

LEBENSMITTEL

ZUM
THEATER

ins
Kino
gehen

ins
Konzert
gehen

Essen
einkaufen

ins Theater
gehen

Fahrrad
fahren

Freunde
treffen

essen
gehen

im Garten
arbeiten

Kaffee
trinken

Blumen
gießen

ein Bild
malen

Zeitung
lesen

ein
Buch
lesen

Radio hören

1. Was meinen Sie? Was haben die Personen gerade gemacht?

Nr. ... | hat | gerade ...
        | ist |

geschlafen   Essen gekocht
ein Sonnenbad genommen
                        geheiratet
gefallen einen Brief geschrieben
          in der Sauna gewesen
eine Flasche Schnaps getrunken
geschwommen
        nach Hause gekommen

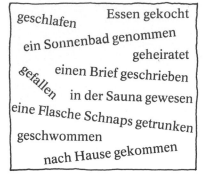

2. Montagmorgen im Büro

a) Was glauben Sie: Was haben die Leute am Wochenende gemacht?

Besuch gehabt   im Garten gearbeitet   eine Küche gekauft   einkaufen gegangen   tanzen gegangen

Geburtstag gefeiert   ein Tennisspiel gesehen   das Auto gewaschen   einen Ausflug gemacht

im Theater gewesen   zu Hause geblieben   Fußball gespielt   für eine Prüfung gelernt

2 7

§ 30
§ 37

Perfekt

hat | gekocht   genommen   ist | gekommen
      gekauft   gesehen   geblieben
      gearbeitet geschrieben   gefallen
      gehabt   geschlafen   gegangen
      ...   gewaschen   geschwommen
                 getrunken   gewesen
                 ...   ...

b) Hören Sie zu. Was haben die Leute wirklich gemacht?

c) Überlegen Sie: Was haben die Leute vielleicht außerdem gemacht?

Frau Bärlein | hat | ...
Herr Kretschmar | ist |
Tina |
Herr Weiher |

3. Dialogübung.

○ Krüger…

☐ Hier ist Gerd. Grüß dich!
Du, Sybille, was hast du eigentlich Mittwochnachmittag gemacht? Wir waren doch verabredet.

○ Mensch, tut mir Leid. Das habe ich total vergessen.
Da habe ich ferngesehen.

Montag-	Freitag-	-morgen
Dienstag-	Samstag-	-mittag
Mittwoch-	Sonntag-	-nachmittag
Donnerstag-		-abend

spazieren gehen   lesen   wegfahren   lernen

Rad fahren   arbeiten   Kopfschmerzen

tanzen gehen   Besuch haben   Sauna   schlafen

schwimmen gehen   fernsehen   einkaufen

> **Perfekt: Trennbare Verben**
> einkaufen – ein**ge**kauft
> fernsehen – fern**ge**sehen

4. Hören Sie zu.

Wer hat das erlebt?
(Manfred = M, Peter = P)

a) *M* hat ein Mädchen kennen gelernt.
b) __ hat eine Prüfung gemacht.
c) __ hat Italienisch gelernt.
d) __ hat zwei Wochen im Krankenhaus gelegen.
e) __ hatte einen Autounfall.
f) __ ist umgezogen.
g) __ ist Vater geworden.
h) __ war krank.
i) __ will heiraten.

Wann war das? Im…

__ Januar	__ Mai	__ September
__ Februar	__ Juni	__ Oktober
__ März	__ Juli	__ November
__ April	__ August	__ Dezember

> **Die Verben sein und haben**
>
> | **Perfekt** | **Präteritum** |
> | ich bin gewesen | ich war |
> | ich habe gehabt | ich hatte |

5. Was haben Sie letztes Jahr erlebt? Was war für Sie 19… wichtig?

Letztes Jahr   19…   Im Januar…   Im…

§ 28

6. Haben Sie schon gehört...?

A

○ Ist Frau Soltau nicht hier?
□ Nein, sie kommt heute nicht.
○ Ist etwas passiert?
□ Ja, sie hatte einen Unfall.
○ Einen Unfall? Was ist denn passiert?
□ Na ja, sie ist hingefallen. Ihr Bein tut weh.
○ Ist es schlimm?
□ Nein, das nicht. Aber sie muss wohl ein paar Tage im Bett bleiben.

B

□ Hast du es schon gehört? Die Sache mit Frau Soltau?
△ Nein, was denn?
□ Sie hatte einen Unfall.
  Sie ist die Treppe hinuntergefallen.
△ Mein Gott! War es schlimm?
□ Ja, ihr Bein ist gebrochen.
  Sie muss zwei Wochen im Bett bleiben.

C

△ Haben Sie es schon gehört?
▽ Nein! Was denn?
△ Frau Soltau hatte einen Unfall.
▽ Was ist denn passiert?
△ Das weiß ich nicht genau. Sie liegt im Krankenhaus. Man hat sie operiert.
▽ Das ist ja schrecklich!

Was ist **passiert?**
Man hat sie **operiert.**
Wer hat das **erzählt?**
Sie hat ein Kind **bekommen.**

§ 30

Spielen Sie ähnliche Dialoge. Hier sind ein paar Möglichkeiten.

a) Frau Kuhn hat im Lotto gewonnen:
   (A)   30 000,–! Sie hat ein Auto gekauft.
   (B) 300 000,–! Sie hat ein Haus gekauft.
   (C) 800 000,–! Sie hat gekündigt und will eine Weltreise machen.

b) Frau Tönjes hat
   (A) einen Freund. Er kommt jeden Tag.
   (B) geheiratet. Sie wohnen zusammen in ihrer Wohnung.
   (C) ein Kind bekommen, aber ihr Mann ist ausgezogen.

c) Zwei Polizisten waren bei Herrn Janßen. Sie haben geklingelt.
   (A) Herr Janßen war nicht da. Die Polizisten sind wieder gegangen.
   (B) Die Polizisten sind eine halbe Stunde geblieben, dann gegangen.
   (C) Die Polizisten haben Herrn Janßen mitgenommen.

7. Kennen Sie das auch?

Habt ihr eure Hände gewaschen?
Habt ihr die Zähne geputzt?
Habt ihr eure Milch getrunken?
Habt ihr euer Brot gegessen?
Habt ihr eure Schularbeiten gemacht?
Habt ihr eure Zimmer aufgeräumt?

Na klar!

Ja!

Aber natürlich!

Klar!

Selbstverständlich!

Was fragen die Kinder und der Vater?

Hast du die Blumen gegossen?

Hast du meinen Pullover gewaschen?

Hast du ...

Keller aufräumen	Kuchen backen
Licht in der Garage ausmachen	
Pullover waschen	Gemüsesuppe kochen
Lehrerin anrufen	Schuhe putzen
Bad putzen Heizung anstellen	
Blumen gießen Katze füttern	
Cola mitbringen Schulhefte kaufen	
Waschmaschine abstellen Knopf annähen	

8. Was kann die Frau antworten?

Nein,	das	habe ich noch nicht gemacht.
		mache ich nicht.
	dazu habe ich	keine Lust.
		keine Zeit.

Wasch deinen Pullover	doch selbst!
Gieß deine Blumen	
...	

Mach das Licht doch selbst aus!
Näh den Knopf doch selbst an!
Stell die Waschmaschine selbst ab!

Du kannst	die Heizung ja selbst anstellen.
Ihr könnt	den Keller selbst aufräumen.
	die Katze selbst füttern.
	...

Räumt den Keller doch selbst auf!

§ 34

9. Ein Arbeitstag

a) Was hat Frau Winter heute gemacht?

A) Die Kinder abge-
holt und nach
Hause gebracht

B) In den Super-
markt gegangen,
Jens mitgenom-
men

C) Jens in den Kin-
dergarten und
Anna in die
Schule gebracht

D) Abendessen
gekocht

E) Karl zur Halte-
stelle gebracht
und ins Büro
gefahren

F) Die Kinder ins
Bett gebracht

G) Das Frühstück
gemacht

H) Briefe beantwor-
tet, telefoniert,
Bestellungen
bearbeitet

I) Das Mittagessen
gekocht

J) Jens und Anna ge-
weckt und ange-
zogen

K) Die Freundin von
Anna nach Hause
gebracht

L) Das Zimmer von
Anna aufgeräumt

b) Wann hat Frau Winter was gemacht?
Ordnen Sie zuerst nach der Uhrzeit. Erzählen Sie dann.

§ 16 a)
§ 46

Wohin? – Präposition + Akk.

in **den** Kindergarten
in **die** Schule
in das → **ins** Büro

nach Hause
zur Haltestelle

_7_ Um 7.00 Uhr hat sie...
__ Um 7.20 Uhr...
__ Um 7.45 Uhr...
__ Um 8.05 Uhr...
__ Von 8.30 bis 12.00 Uhr...
__ Um 12.20 Uhr...

__ Um 12.45 Uhr...
__ Um 14.30 Uhr...
__ Um 16.15 Uhr...
__ Um 18.30 Uhr...
__ Um 19.00 Uhr...
__ Um 19.50 Uhr...

10. Frau Winter muss ins Krankenhaus.

a) Hören Sie den Dialog. Wen muss Herr Winter…
   (Anna = A, Jens = J, beide = b)

2) **10**

___ um 7 Uhr wecken?   ___ um 12.20 Uhr abholen?
___ anziehen?   ___ um 12.35 Uhr abholen?
___ in den Kindergarten bringen? ___ um 19.30 Uhr ins Bett bringen?
___ in die Schule bringen?   ___ um 19.50 Uhr ins Bett bringen?

b) Frau Winter hat für ihren Mann zwei Zettel geschrieben.

Jens:
Um 7 Uhr wecken.
Anziehen. (Er kann das nicht allein.)
7.40 Uhr in den Kindergarten bringen.
12.30 Uhr wieder abholen.
Nachmittags in den Supermarkt mitnehmen.
Dann spielen lassen.
Spätestens 19.30 Uhr ins Bett bringen.

Anna:
Auch um 7 Uhr wecken.
Auch anziehen! (Braucht allein eine halbe Stunde!)
7.50 Uhr in die Schule bringen.
12.20 Uhr wieder abholen.
Spätestens um 14.30 Uhr die Hausaufgaben machen lassen.
Dienstag: Um 16 Uhr in die Musikschule bringen.
Spätestens um 20 Uhr ins Bett bringen.

Was muss Herr Winter machen?

§ 11
§ 38

Um sieben Uhr muss er Jens wecken.
Er muss ihn anziehen. Jens kann das nicht allein.
Um zwanzig vor acht muss er ihn…
Um…

Um sieben Uhr muss er auch Anna wecken.
Er muss sie auch anziehen. Sie braucht allein eine halbe Stunde!
Um zehn vor acht muss er sie…
Um…

Personalpronomen im Akkusativ	wen?/was?
er (Jens)	→ Herr Winter muss **ihn** wecken.
sie (Anna)	→ Herr Winter muss **sie** wecken.
es (das Zimmer) →	Anna muss **es** aufräumen.
sie (die Bücher) →	Anna muss **sie** aufräumen.

Junge (8 Jahre) auf Autobahnraststätte einfach vergessen!

Am Samstagmorgen um 3.30 Uhr war der achtjährige Dirk W. mutterseelenallein auf einem Rastplatz an der Autobahn Darmstadt-Frankfurt. Seine Eltern waren versehentlich ohne ihn abgefahren.

11. Lesen Sie die drei Texte.

Nur eine Geschichte ist wirklich passiert.

1

Dirk ist mit seinen Eltern und seiner Schwester nachts um 12 Uhr von Stuttgart losgefahren. Er und seine Schwester waren müde und haben auf dem Rücksitz geschlafen. Auf einmal ist Dirk aufgewacht. Das Auto war geparkt und seine Eltern waren nicht da. Auf dem Parkplatz war eine Toilette. Dirk ist ausgestiegen und auf die Toilette gegangen. Dann ist er zurückgekommen und das Auto war weg.

2

Dirk ist mit seinem Vater nachts um 12 Uhr von Stuttgart losgefahren. Er hat auf dem Rücksitz gesessen und Musik gehört. Dann hat sein Vater auf dem Parkplatz angehalten und ist auf die Toi-

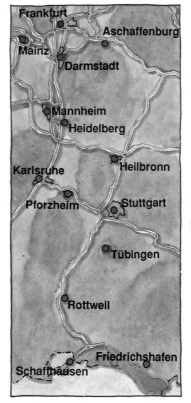

lette gegangen. Es war dunkel und Dirk hatte auf einmal Angst allein im Auto. Er ist ausgestiegen und hat seinen Vater gesucht. Aber er hat ihn nicht gefunden. Dann ist er zurückgekommen und das Auto war weg.

3

Dirk ist mit seinem Vater und seiner Schwester nachts um 12 Uhr von Stuttgart abgefahren. Zuerst haben die Kinder noch gespielt, aber dann sind sie auf dem Rücksitz eingeschlafen. Plötzlich ist Dirk aufgewacht. Es war still und sein Vater war nicht mehr im Auto. Auf dem Parkplatz war eine Toilette. Dort hat er seinen Vater gesucht. Aber der war nicht da. Dann ist er wiedergekommen und das Auto war weg.

b) Hören Sie den Bericht von Dirk. Welcher Text erzählt die Geschichte richtig?

2 *11*

☐ Text 1   ☐ Text 2   ☐ Text 3

2 12

12. Hören Sie den Bericht von Herrn Weber. Was erzählt er?

a) Wir sind gegen ☐ 2.00 Uhr auf einen Parkplatz gefahren.
☐ 2.30 Uhr
☐ 3.00 Uhr

b) Dort ☐ haben wir einen Kaffee getrunken.
☐ sind wir ein bisschen spazieren gegangen.
☐ sind wir auf die Toilette gegangen.

c) Dann sind wir weitergefahren, ☐ und meine Frau hat geschlafen.
☐ und die Kinder haben Radio gehört.
☐ und wir haben miteinander gesprochen.

d) Um 5.00 Uhr ☐ haben wir die Suchmeldung im Radio gehört.
☐ hat uns ein Polizeiauto angehalten.
☐ haben wir auf einmal gemerkt: Dirk ist nicht da!

e) Dann ☐ sind wir sofort zurückgefahren und haben Dirk gesucht.
☐ haben wir Dirk im Polizeiauto gesehen.
☐ haben wir sofort mit der Polizei telefoniert und Dirk abgeholt.

13. Hören Sie noch einmal Dirk.

Die Eltern waren weg, das Auto war weg,
es war dunkel und Dirk war allein.
Was ist dann auf dem Parkplatz passiert?

2 13

| haben | schlafen | aussteigen |
| gehen |
| kommen | fragen | sagen |
| sehen |
| geben | sein | mitnehmen |
| rufen | aufwachen | warten |
| anrufen |

Es ___ kalt. Dirk ___ keine Jacke, denn seine Jacke ___ im Auto. Er ___ Angst. Der Parkplatz ___ ganz
leer. Dirk ___ zuerst ___: „Hilfe! Hallo!" Dann ___ er eine Bank ___. Dort ___ er ___.
Später ___ dann ein Auto ___. Ein Mann ___ ___. Der Mann ___ Dirk ___: „Was machst du denn hier?
Wo sind denn deine Eltern?" Dirk ___ gesagt: „Meine Eltern sind weg! Ich ___ im Auto ___.
Dann ___ ich ___ und zur Toilette ___. Und dann ___ das Auto weg."
Der Mann ___ sofort die Polizei ___. Die Polizei ___ Dirk auf die Polizeistation ___. Dort ___ es
warm. Die Polizisten ___ sehr nett. Sie ___ Dirk Tee und Kuchen ___. Ein Polizist ___ ___: „So, Dirk,
jetzt kommt gleich deine Suchmeldung im Radio. Deine Eltern rufen bestimmt bald an." Und
so ___ es dann auch.

Wien, Donnerstag, den 23. Juni

Liebe Anita,

ich bin gerade drei Tage auf Geschäftsreise in Wien. Die Stadt ist – wie immer – wunderschön. Diesmal habe ich etwas Zeit. Gestern war ich im Stephansdom. Heute bin ich im Prater spazieren gegangen und dann habe ich im Hotel Sacher Kaffee getrunken und drei (!) Stück Sachertorte gegessen.

Morgen fahre ich wieder nach Hause in meine neue Wohnung. (Hast du schon meine Adresse? Ahornstraße 52 – Telefon habe ich noch nicht bekommen.) Bis jetzt habe ich ja viel Pech gehabt in dieser Wohnung: Zuerst sind die Vormieter drei Wochen zu spät ausgezogen und dann haben die Handwerker viele Fehler gemacht: Der Maler hat für die Türen die falsche Farbe genommen, der Tischler hat ein Loch in die Wand gebohrt und gleich die Elektroleitung kaputtgemacht, und die Teppichfirma hat einen Teppich mit Fehlern geliefert. Ich habe sofort reklamiert, aber bis jetzt hat es nicht geholfen... Es hat wirklich viel Ärger gegeben. Aber mein Nachbar, Herr Driesen, ist sehr nett. Er hat die Lampen montiert. Die Waschmaschine habe ich selbst angeschlossen. In der Küche funktioniert jetzt alles.

Willst du nicht nächste Woche mal vorbeikommen?

Bis bald und herzliche Grüße
deine Marianne

14. Was passt zusammen?

1 Marianne
2 Anita
3 Die Vormieter
4 Der Maler
5 Der Tischler
6 Die Teppichfirma
7 Der Nachbar

a) fährt Freitag nach Hause.
b) hat die Elektroleitung kaputtgemacht.
c) hat die falsche Farbe genommen.
d) hat die Lampe angeschlossen.
e) hat die Waschmaschine angeschlossen.
f) hat einen Teppich gebracht, aber der hatte Fehler.
g) hat geholfen.
h) hatte Probleme mit der Wohnung.
i) heißt Driesen.
j) ist eine Freundin von Marianne.
k) ist für ihre Firma nach Wien gefahren.
l) ist umgezogen.
m) sind zu lange in der Wohnung geblieben.
n) war im Prater.

Marianne Köchling war drei Tage in Wien. Am Freitagabend kommt sie nach Hause. An ihrer Wohnungstür findet sie einen Zettel.

Köchling

Liebe Frau Köchling,
bitte klingeln Sie bei
Driesen. Viele Grüße
Walter Driesen

15. Was ist passiert?

a) Sehen Sie die Bilder an. Was glauben Sie: Was ist passiert?

b) Hören Sie zu und machen Sie Notizen.

c) Was ist wirklich passiert? Erzählen Sie.

der Waschmaschinenschlauch	den Boden wischen		in die Wohnung einsteigen
der Keller	die Polizei	tropfen	Wasser
ein Geräusch hören	das Fenster einschlagen	falsch anschließen	durch die Decke

6

Nur einer fragt

○ Also, Herr Krause, was haben Sie gestern gemacht?

□ Gestern, Herr Vorsitzender, habe ich nichts gemacht.

○ Nun, irgendwas haben Sie doch sicher gemacht.

□ Nein, Herr Vorsitzender, ganz bestimmt nicht.

○ Einen Spaziergang, zum Beispiel. Haben Sie nicht wenigstens einen Spaziergang gemacht?

□ Nein, Herr Vorsitzender, ich habe gestern keinen Spaziergang gemacht.

○ Nun denken Sie mal ein bisschen nach, Herr Krause…

□ Das tue ich ja, Herr Vorsitzender, ich denke schon die ganze Zeit nach.

○ Aha, Sie denken schon die ganze Zeit nach. Wie lange denn schon?

□ Ich weiß nicht… ich denke viel nach, immer wieder denke ich nach.

○ Haben Sie vielleicht gestern auch nachgedacht?

□ Ich glaube ja, Herr Vorsitzender.

○ Na sehen Sie! Sie haben gestern also doch etwas gemacht!

□ Na ja, das heißt…

○ Haben Sie gestern nachgedacht, ja oder nein?

□ Ja.

○ Na also!

□ Ist das verboten?

○ Herr Krause – hier stelle ich die Fragen!

□ Entschuldigung.

○ Sie können gehen!

Neustadt

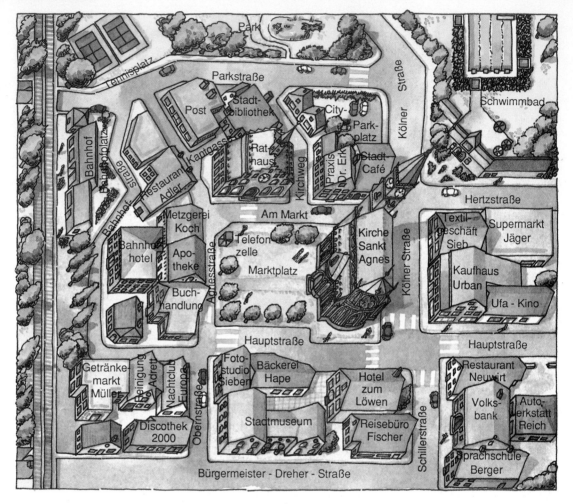

1. Wo sind die Leute gerade? Hören Sie.

2 16

§ 16 a)

der	*die*	*das*
___ im Getränkemarkt	___ in der Metzgerei	___ im Blumengeschäft
___ im Supermarkt	___ in der Apotheke	___ im Textilgeschäft
___ im Stadtpark	___ in der Buchhandlung	___ im Fotostudio
___ auf dem Bahnhof	___ in der Bäckerei	___ im Schwimmbad
___ am Marktplatz	___ in der Autowerkstatt	___ im Kino
	___ in der Reinigung	___ im Café
	___ in der Stadtbibliothek	___ im Reisebüro
	___ in der Telefonzelle	___ im Hotel
	___ in der Diskothek	___ im Restaurant
	___ auf der Post	___ im Stadtmuseum
	___ auf der Bank	___ auf dem Rathaus

Wo?		
(der) **im** Getränkemarkt	**auf dem** Bahnhof
(die) **in der** Metzgerei	**auf der** Bank
(das) **im** Kino	**auf dem** Rathaus

2. Wo kann man in Neustadt...? Dialogübung.

○ Wo kann man in Neustadt sein Auto waschen lassen?
☐ In der Autowerkstatt.

○ Wo kann man...?
☐ Im...

| Blumen, Getränke, Kleidung, Fleisch, Wurst, Filme, Bücher, Briefmarken, Brot, Arzneimittel, Lebensmittel | kaufen |

| sein Auto reparieren seine Wäsche waschen ein Passbild machen seine Kleidung reinigen | lassen |

Geld abheben (einzahlen, wechseln)

telefonieren   tanzen   Kaffee trinken

Fahrkarten kaufen   schwimmen

ein Buch leihen (lesen)

einen Pass bekommen

spazieren gehen   essen   übernachten

einen Film sehen   eine Reise buchen

☞ § 47

3. Wohin gehen die Leute? Hören Sie.

der	die	das
in den Getränkemarkt	in die Metzgerei	ins Café
in den Supermarkt	in die Apotheke	ins Textilgeschäft
in den Stadtpark	in die Buchhandlung	ins Schwimmbad
in den...	in die...	ins ...
auf den Bahnhof	auf die Post	auf das Rathaus
	auf die Bank	

2 17

☞ § 16 a)

a) ins _____
b) _____
c) _____
d) _____
e) _____
f) _____
g) _____
h) _____
i) _____

Wohin?

(der) **in den** Getränkemarkt   **auf den** Bahnhof
(die) **in die** Metzgerei   **auf die** Bank
(das) **ins** Kino   **auf das** Rathaus

4. Dialogübung.

○ Wo kann man in Neustadt ein Passbild machen lassen?
☐ Gehen Sie in das Fotostudio Siebert.
○ Wo ist das?

☐ | Am ...-platz.
  | In der ...-straße.

○ Wo kann man...?
☐ Gehen Sie...

Wo kann man hier seinen Besen reparieren lassen?

- Bahnfahrkarte kaufen
- Paket an Monika schicken
- Geld abheben
- Auto waschen lassen
- Passbild machen lassen
- Aspirin holen
- Mantel reinigen lassen
- Blumen für Oma kaufen
- Bücher zurückgeben
- 4 Koteletts
- 10 Brötchen

5. Was möchte Herr Kern erledigen? Wohin geht er?

Herr Kern fährt zum Bahnhof.
Er möchte eine Bahnfahrkarte kaufen.

Er fährt...

Wohin gehen/fahren?

(der Bahnhof)	**zum** Bahnhof	⟵ in/auf
(die Apotheke)	**zur** Apotheke	⟵ zu
(das Fotogeschäft)	**zum** Fotogeschäft	

6. Herr Kern kommt nach Hause.

Hören Sie das Gespräch.

a) Wo ist Herr Kern gewesen? Was hat er erledigt?

> Er war auf der... und hat...

b) Wo ist Herr Kern nicht gewesen?

> Er war nicht...

c) Was hat Herr Kern noch gemacht? Erzählen Sie.

§ 17

7. Dialogübung

Sie wohnen noch nicht lange in Neustadt und müssen zehn Dinge erledigen. Sie besprechen folgende Fragen: Was müssen wir besorgen/erledigen? Wo gibt es das? Wo ist das? Wer erledigt was?

a) Hören Sie zuerst ein Beispiel.
b) Sie können folgende Sätze verwenden:

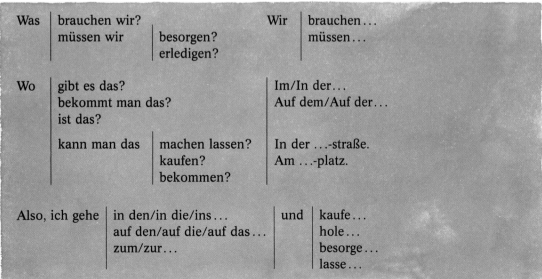

Was	brauchen wir? müssen wir	besorgen? erledigen?	Wir	brauchen... müssen...	
Wo	gibt es das? bekommt man das? ist das?		Im/In der... Auf dem/Auf der...		
	kann man das	machen lassen? kaufen? bekommen?	In der ...-straße. Am ...-platz.		
Also, ich gehe	in den/in die/ins... auf den/auf die/auf das... zum/zur...		und	kaufe... hole... besorge... lasse...	

8. Wo ist der...?

Die Hauptstraße immer geradeaus bis zur Buchhandlung.

Gehen Sie links in die Agnesstraße.

An der Ecke ist ein
Restaurant.

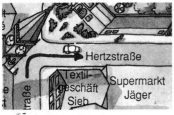

Gehen Sie rechts in die
Hertzstraße.

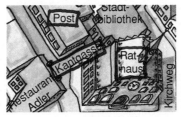

Die Kantgasse ist zwischen
der Post und dem Rathaus.

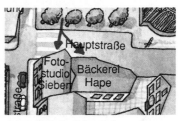

Die Bäckerei ist neben dem
Fotostudio Siebert.

○ Wo ist das Restaurant Adler?
□ Am Marktplatz, neben dem Stadt-Café.
○ Und die Volksbank, wo ist die?
□ In der Schillerstraße, zwischen dem
  Getränkemarkt und der Diskothek 2000.

> neben dem Supermarkt
>
> zwischen der Post und dem Reisebüro
>
> ...

9. Wie komme ich zum Bahnhof?

a) Schlagen Sie den Stadtplan auf S. 94 auf und hören Sie den Dialog.

○ Entschuldigen Sie bitte!
  Wie komme ich zum Bahnhof?

□ Gehen Sie hier die Schillerstraße geradeaus bis zur Kirche. An der Kirche dann
  links in die Hauptstraße. Gehen Sie weiter geradeaus bis zur Agnesstraße. An der
  Ecke ist eine Buchhandlung. Dort dann
  rechts in die Agnesstraße bis zur Post. Da
  ist der Bahnhof.

○ Also, ich gehe hier...

b) Hören Sie die Dialoge auf der Kassette.
  Wiederholen Sie dann die Wegerklärungen.

  Also, ich gehe hier...

▣ **20**

▣ **21**

Hermes Busreisen Berlin

Bernd Hermes, Inh.
Stadtrundfahrten in Berlin
Abfahrt täglich 9, 11, 14, 16 Uhr am Breitscheidplatz
Erwachsene 7 €, Kinder 4,50 €

Das Internationale Congress Centrum.
Hinter dem Centrum der Funkturm.

Die Reste der Mauer zwischen Ost- und
West-Berlin. Bis 1989 hat sie Berlin in
zwei Teile geschnitten.

Unten links:
Die Kaiser-Wilhelm-Gedächtniskirche am
Bahnhof Zoo. Neben der Ruine der neue
Turm.

Unten Mitte:
Das Humboldt-Denkmal vor der
Humboldt-Universität.

Unten rechts:
Der Fernsehturm und das Rote Rathaus.
In der Kugel, hoch über der Stadt, ein
Restaurant. Unter dem Turm (hinter dem
Rathaus) der Alexanderplatz.

Die Weltzeituhr auf dem Alexanderplatz:
Treffpunkt für viele Berliner.

10. Stadtrundfahrt in Berlin.

Hören Sie den Text und machen Sie Notizen.

2 **22**

a) Erzählen Sie. Wohin fährt der Bus? Was machen die Leute?

Zuerst fährt der Bus zum... Dort steigen... und... Dann... Danach...
Zum Schluss...

b) Ihre Freundin/Ihr Freund ist nicht mitgefahren. Beschreiben Sie die Fahrt.

○ Erzähl mal! Wie war die Fahrt? □ Zuerst sind wir...
Was habt ihr gesehen? Dort sind wir... und haben...
 Dann...

11. Der Berliner Bär ist das Wappentier von Berlin.

a) Wo steht er? Wo sitzt er?

a) *Er steht* _____ e) _____
b) *Er* _____ f) _____
c) _____ g) _____ § 15, 16 b)
d) _____ h) _____ § 44

b) Was macht der Bär?

klettern   etwas schreiben   fliegen   etwas legen   fahren   gehen   etwas stellen

§ 15, 16 b),
18
§ 45

a) *Er fliegt* _____   e) _____

b) *Er* _____   f) _____

c) _____   g) _____

d) _____   h) _____

Alle Wege nach Berlin

Seit 1990 haben Sie freie Fahrt nach Berlin. Die Grenze zwischen der Bundesrepublik und der DDR gibt es nicht mehr. Berlin ist wieder ein Verkehrszentrum in der Mitte Europas.

Sie haben die Wahl:

Mit dem Flugzeug

Auf den Flughäfen Tegel, Tempelhof und Schönefeld landen täglich mehr als 400 Linienflugzeuge. Es gibt Flugverbindungen in fast alle Länder der Welt. Besonders gut sind die Verbindungen nach Osteuropa.

Mit dem Bus

Sie können in einer Reisegruppe mit dem Bus nach Berlin fahren, es gibt aber auch Linienbusse nach Berlin. Sie fahren von vielen Städten in Deutschland zum Busbahnhof am Funkturm. Fahrpläne und Auskünfte bekommen Sie in allen Reisebüros.

Mit dem Auto

Von Norden, Süden, Osten und Westen können Sie auf Autobahnen und auf Bundesstraßen nach Berlin fahren.

Mit der Bahn

Sehr bequem reisen Sie mit der Bahn bis in die Innenstadt von Berlin. Fahrkarten bekommen Sie auf den Bahnhöfen am Schalter, aber auch in vielen Reisebüros.

_ _ *Flugroute*   ▬▬ *Autobahn*   ▬▬ *Bahn*

---

12. Wie kommt man nach Berlin?

a) Wie kommt man mit dem Auto   (A) von Saarbrücken nach Berlin?
   (B) von Köln nach Berlin?

Man fährt von Saarbrücken zuerst nach..., dann über... nach...   Von... fährt man weiter nach...

b) Wie kommt man mit der Bahn   (A) von Freiburg nach Berlin?
   (B) von Düsseldorf nach Berlin?

Man fährt zuerst nach..., dann über... nach...   Von dort fährt man dann über... nach...

c) Wie kommt man mit dem Flugzeug   (A) von Regensburg nach Berlin?
   (B) von Kassel nach Berlin?

Von Regensburg nach Berlin kann man...   Man muss zuerst mit... nach... fahren. Von dort kann...

Berlin – 30 Jahre später

Ein US-Amerikaner berichtet.

Bis 1962 war ich in Berlin Offizier bei der US-Armee, jetzt, nach 30 Jahren, komme ich wieder zurück. Nicht als Soldat, sondern als Journalist.

In 30 Jahren ist viel passiert. Bis 1990 ist man durch die DDR nach Berlin gefahren. Dieser Staat existiert nicht mehr. Deutschland ist nicht mehr geteilt und zwischen West- und Ost-Berlin gibt es keine Mauer mehr. Sie hat bis Dezember 1989 die Stadt in zwei Teile geschnitten.

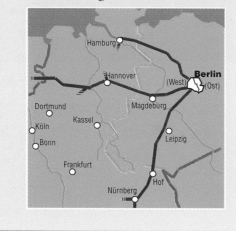

Ich fahre zuerst zum Brandenburger Tor, dem Symbol für die deutsche Einheit. Früher war hier die Mauer. Heute kann ich durch das Tor gehen und bin dann auf der Straße ‚Unter den Linden'. Hier findet man

berühmte Gebäude des alten Berlin: die Humboldt-Universität, die Deutsche Staatsoper, die Neue Wache, das Museum für Deutsche Geschichte u.v.a.
Geht man weiter, kommt man zum Alexanderplatz, einem Zentrum Alt-Berlins. Hier war auch das Zentrum Ost-Berlins. Der Platz war nach dem Krieg völlig zerstört. Man hat ihn neu aufgebaut. Für einen Westbesucher ist die Architektur des Sozialismus ungewohnt. Die Häuser sind sehr groß, ohne Farbe,

13. Was ist wahr? Was ist falsch?

	wahr	falsch
a) Der Journalist war früher Offizier bei der US-Armee.		
b) Der Journalist war 30 Jahre Offizier bei der US-Armee.		
c) Seit 1962 gibt es keine Mauer mehr.		
d) Seit 1989 ist Berlin nicht mehr geteilt.		
e) Die Humboldt-Universität ist am Alexanderplatz.		
f) Die Deutsche Staatsoper ist in der Straße „Unter den Linden".		
g) Der Alexanderplatz ist heute das Zentrum Berlins.		

mit wenig Fantasie gebaut. In den Geschäften kann man jetzt alles kaufen und das Leben auf dem Platz ist nicht mehr so grau wie früher. Aber ein Zentrum wie im Westen ist der Alexanderplatz noch nicht.
In einem Café treffe ich einen Mann. Er sagt: „Wir haben endlich unsere Freiheit, können frei reisen, und die Geschäfte sind voll mit Waren. Das ist gut so, aber nicht alle können die Reisen und die Waren bezahlen. Viele Leute sind arbeitslos oder verdienen sehr wenig." Das bringt natürlich soziale Probleme. Und die merkt man auch. Die Atmosphäre auf dem Alexanderplatz ist nicht sehr optimistisch.

Studenten Dirk ist das kein Problem: „Wir in Berlin sind sehr tolerant: jeder kann machen, was er will." Viele West-Berliner sehen das aber ganz anders. Eine Frau meint: „Seit der Vereinigung kommen immer mehr Menschen in die Stadt. Es gibt bald keinen Platz mehr. Die Wohnungen sind knapp und teuer und die Kriminalität steigt."
Trotzdem, den Berlinern im Westen der Stadt geht es gut. Auch sie haben mehr Freiheit gewonnen. Sie wohnen nicht mehr auf einer Insel in der DDR. Sie können jetzt wieder Ausflüge in die schöne Umgebung Berlins machen. Und das tun sie auch. Jedes Wochenende fahren Tausende an die Berliner Seen.

Ich möchte vergleichen und fahre zum Ku'damm. Diese weltberühmte Einkaufsstraße mit den vielen Cafés war das Zentrum West-Berlins und ist heute das Zentrum des neuen Berlin.
Das Leben hier ist bunt und interessant, aber auch nervös und hektisch. Hier treffen ganz verschiedene Leute zusammen und alle leben ihren Stil: in den Cafés sitzen Reiche neben Armen, Jugendliche neben Rentnern, Deutsche neben Ausländern, Bürger neben Künstlern, Punks neben Geschäftsleuten.
Diese Gruppen haben alle ihre verschiedenen Interessen und das bringt natürlich Konflikte. Für den

	wahr	falsch
h) Der Ku'damm liegt im Westen von Berlin.		
i) Der Ku'damm war früher ein Zentrum in Alt-Berlin.		
j) Die Leute im Osten Berlins sind zufrieden, aber leider dürfen sie nicht reisen.		
k) Die Menschen im Westen Berlins leben besser als die Menschen im Osten.		
l) Viele Menschen ziehen nach Berlin. Deshalb fehlen Wohnungen.		

Hoffnungsvolle Auskunft

– zuerst rechts
– dann links
– dann wieder rechts
– dann zweihundert Meter geradeaus
– dann bei der Ampel scharf rechts
  dann bis zur zweiten Kreuzung
  geradeaus
– dann über den Platz weg
  und dann links
– dann um das Hochhaus herum
  und bei der Tankstelle
  links halten
– dann fragen Sie noch mal,
  und wenn man Ihnen sagt:
– gehen Sie zuerst rechts
– dann links
– dann wieder rechts
– dann zweihundert Meter geradeaus
– dann bei der Ampel scharf rechts
  dann bis zur zweiten Kreuzung
  geradeaus
– dann über den Platz weg
  und dann links
– dann in einem Bogen
  um das Hochhaus herum
  und bei der Tankstelle
  links halten …
… dann verlieren Sie bitte nicht die Hoffnung …

Lektion 9

50 Jubiläum

WEIHNACHTEN
24. Dezember

Schenken Sie Blumen
FLUEBER

Geschenke

Ich bin da! Michael

Freut Euch
mit uns
Wir heiraten

Bild

Vase

Weingläser

Briefpapier

Tasche

Halskette

Wecker

Pfeife

Ring

Parfüm

Kugelschreiber

Buch

1

1. Wünsche, Wünsche

Was möchten Sie gern haben? Was brauchen Sie?

| Ich | trinke viel Kaffee. | Deshalb möchte ich eine Kaffeemaschine haben. |

(viel Musik hören)
(rauchen)
(gern fotografieren)
(viel schreiben)
(oft reisen)
(gern Ski fahren)
(nicht gern Auto fahren)
(gern Tennis spielen)
(Haustiere mögen)
(gern kochen)
(gern Fernsehfilme sehen)
(gern Gäste einladen)
(nicht gern spülen)
(Spanisch lernen)
(immer zu spät aufstehen)
(Auto selber reparieren)
(Campingurlaub machen)
(viele Bücher haben)
(gern Schmuck tragen)
(nach/in die... fahren)

der Videorekorder

die Halskette

das Briefpapier

das Wörterbuch

die Katze

die Schallplatte

die Mikrowelle

das Parfüm

die Kamera

das Feuerzeug

die Weingläser

das Bücherregal

die Pfeife

das Fahrrad

die Schreibmaschine

der Hund

der Kugelschreiber

der Reiseführer

die Kaffeemaschine

der Wecker

die Skibrille

die Tennisbälle

der Geschirrspüler

das Werkzeug

die Zigarette

das Zelt

der Koffer

der Film

das Kochbuch

der Schlafsack

der Ring

der Plattenspieler

2. Was passt zusammen?

Herr Mahlein hat Geburtstag.
Frau Mahlein schenkt ihm einen
Videorekorder.

1. Jochen liebt Lisa.
2. Elmar (13) ist nicht gut in Englisch.
3. Yvonne lernt Deutsch.
4. Astrid (5) möchte Rad fahren lernen.
5. Carola (11) und Hans (9) möchten ein Radio kaufen.

a) Der Verkäufer zeigt den Kindern ein Radio.
   Dann empfiehlt er ihnen einen Radiorekorder.
b) Sie stellt dem Lehrer eine Frage.
   Er erklärt ihr den Dativ.
c) Der Vater will dem Jungen helfen.
   Deshalb kauft er ihm eine Sprachkassette.
d) Er kauft der Freundin eine Halskette.
   Er schenkt ihr die Kette zum Geburtstag.
e) Die Mutter kauft dem Kind ein Fahrrad.
   Sie will ihm das Rad schenken.

§ 3, 11
§ 38, 42, 43

Was passt?

Bild	Satz	Sätze
A	2	c)
B		
C		
D		
E		

Nom.		Dativ	Akkusativ
Er	zeigt	**dem** Jungen	den Radiorekorder.
		ihm	
Sie		**der** Freundin	die Schallplatte.
(Es)		**ihr**	
		dem Kind	das Radio.
		ihm	
		den Kindern	die Halskette.
		ihnen	

3. Diese Personen haben Geburtstag. Was kann man ihnen schenken?

Gina	gern Schmuck tragen	Gina trägt gern Schmuck. Man kann ihr einen Ring schenken.
Peter Frau Kurz Yussef und Elena Luisa Jochen Herr und Frau Manz Petra Bernd	rauchen Blumen mögen nach Polen fahrcn gern Campingurlaub machen Tennis spielen gern fotografieren nicht gern Auto fahren gern kochen	Peter...

4. Hören Sie die Dialoge.

2 24

a) Hören Sie den Dialog A.
Schreiben Sie ihn dann zu Ende.

○ Schau mal, morgen ist die Party bei
Hilde und Georg. Sie haben uns
eingeladen.
☐ Ach ja, stimmt.
○ Was bringen wir ihnen denn mit?
Weißt du nicht etwas?
☐ Wir können...

b) Hören Sie die Dialoge B, C und D. Wo sind die Leute eingeladen? Was schenken sie?
Warum? Was schenken sie nicht? Warum nicht?

Sie schenken	ihm ihr ihnen	..., denn	er sie	...	Sie schenken	ihm ihr ihnen	keinen keine kein	..., denn das...

c) Beraten Sie: Was kann man diesen Leuten schenken?

Doris Lindemann; wird 30; macht Sonntag eine Geburtstagsparty; verheiratet, zwei Kinder; Hausfrau; liest gern, geht gern ins Theater, lädt gern Gäste ein.

Ewald Berger; 55; feiert sein Dienstjubiläum; geschieden, Ingenieur; raucht; kocht gern; spielt Fußball; repariert Autos; seine Kaffeemaschine ist kaputt.

Daniela (26) und Uwe (28) Reiter; geben eine Silvesterparty; wollen in die USA fliegen; spielen Tennis; machen gern Camping; stehen immer zu spät auf; trinken gern Wein.

Liebe Ulla,

ich werde dreißig. Das möchte ich gern mit dir und meinen anderen
Freunden feiern. Die Party ist am Freitag, 3.2., um 20.00 Uhr.
Ich lade dich herzlich ein.
Hast du Zeit? Bitte antworte mir bis Dienstag oder ruf mich an.

Herzliche Grüße
dein Bernd

5. Ergänzen Sie die Personalpronomen.

a) Liebe Sonja, lieber Dirk,
_____ habe meine Prüfung bestanden. Das möchte _____ gern mit _____ und meinen anderen Freunden feiern. Die Party ist am Samstag, 4. 5., um 20.00 Uhr. _____ lade _____
herzlich ein. Habt _____ Zeit? Bitte antwortet _____ bis Donnerstag oder ruft _____ an.
Herzliche Grüße, eure Bettina

§ 11

b) Sehr geehrter Herr Gohlke,
_____ sind 20 Jahre verheiratet. Das möchten
_____ gern mit _____ und Ihrer Frau und
unseren anderen Bekannten und Freunden
feiern. Die Feier ist am Montag, 16. 6., um
19.00 Uhr. Haben _____ da Zeit? Bitte
antworten Sie _____ bis Mittwoch oder rufen
Sie _____ an.
Herzliche Grüße,
Ihre Christa und Wolfgang Halster

Personalpronomen

Nom.	Dativ	Akkusativ
ich	Sie antwortet **mir**	Eva ruft **mich** an.
du	**dir**	**dich**
wir	**uns**	**uns**
ihr	**euch**	**euch**
Sie	**Ihnen**	**Sie**

mit + Dativ

6. Schreiben Sie jetzt selbst einen Einladungsbrief.

	Wen einladen?	Warum?	Wann?
a)	Zwei Freunde von Ihnen	Führerschein gemacht	Samstag um 19 Uhr
b)	eine Arbeitskollegin	aus Kanada zurückgekommen (nach fünf Jahren)	Donnerstag um 20 Uhr
c)	…	…	…

7. Schreiben Sie jetzt selbst einen Text für einen Comic.

§ 21

	a) Tisch	b) Bücherregal	c) Schrank
Bild 1	niedrig – hoch	groß – klein	klein – hoch
Bild 2	schmal – breit	das Holz: hell – dunkel	breit – schmal
Bild 3	die Platte: dünn – dick	die Bretter: dünn – dick	das Holz: dunkel – hell

a – ä   lang – länger

a – a   schmal – schmaler
         langsam – langsamer

o – ö   hoch – höher
         groß – größer

u – ü   kurz – kürzer
         teuer – teurer

u – u   dunkel – dunkler
         gut – besser

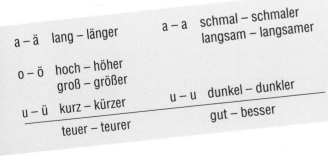

Der Besen ist mir zu langsam.
Kannst du ihn nicht etwas schneller machen?

8. Vergleichen Sie die Tische.

	Komparativ	Superlativ
billig	billig**er**	am billig**sten**
groß	größer	am größten
leicht	leichter	am leicht**esten**
breit	breiter	am breit**esten**
gut	**bess**er	am **be**sten

Tisch B ist breiter als Tisch A. Tisch C ist am...
Tisch A ist am billigsten. Tisch B ist... als...

9. Welchen Plattenspieler können Sie mir empfehlen?

○ Welchen Plattenspieler können
Sie mir empfehlen?
□ Den für 84 Euro.
○ Und warum?
□ Der ist technisch am besten.

schön   gut   billig
klein   groß   warm
leicht   lang   modern

2 **25**

☞ § 21

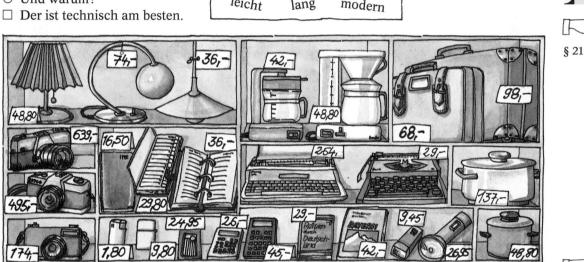

☞ § 12

10. Ich möchte einen Kugelschreiber.

○ Guten Tag! Ich möchte einen Kugelschreiber.
Können Sie mir bitte welche zeigen?
□ Ja gern. Gefällt Ihnen der hier?
Er kostet 4 Euro 90.
○ Nicht schlecht. – Haben Sie
noch welche?
□ Ja, den hier. Der ist billiger.
Er kostet 2 Euro 50.
○ Der gefällt mir besser, den nehme ich.

Nom.	Akkusativ
Der Kugelschreiber hier,	**den** nehme ich.
	Packen Sie **ihn** bitte ein.
Die Taschenlampe hier,	**die** nehme ich.
	Packen Sie **sie** bitte ein.
Das Feuerzeug hier,	**das** nehme ich.
	Packen Sie **es** bitte ein.

Viel Technik im Miniformat

Der *Video Walkman* ist Videorekorder und Fernseher in *einem* Gerät. Zusammen mit der Kamera CCD G100ST haben Sie ein Videostudio im Miniformat.

Das kleine Ding fürs Geschäft

Mit einem Video Walkman sagen Sie ganz einfach zu Ihrem Kunden: „Ja, dann schauen wir mal!" Und schon sieht er Ihr Produkt auf dem LCD-Bildschirm, perfekt präsentiert in Bild und Ton.

Das kleine Ding für die Reise

Sie sind abends im Hotel und möchten wissen, was los ist. Kein Problem für Sie. Antenne raus, den Video Walkman einschalten und schon können Sie fernsehen. So bekommen Sie Ihre Informationen, aktuell in Bild und Ton.

Das kleine Ding für die Familie

Sie fragen Ihre Frau und Ihre Kinder: „Wollt ihr euch mal selbst sehen?" Na klar wollen sie. Denn die Zeit der langweiligen Dia-Vorträge ist vorbei. Der Video Walkman bringt die Erinnerungen zurück, lebendig in Bild und Ton. Gefilmt haben Sie mit der Kamera CCD G100ST, nur 455 Gramm, aber High-Tech durch und durch.

Der Video Walkman.
Von SONY.

11. Lesen Sie die Anzeige.

a) Welches Foto und welcher Abschnitt im Text gehören zusammen?

b) Was ist richtig? Was ist falsch?

	richtig	falsch
A. Mit dem Video Walkman kann man filmen.		
B. Der Video Walkman ist Fernseher und Videorekorder zusammen.		
C. Mit dem Video Walkman kann man Dias zeigen.		
D. Der Video Walkman zeigt nur Bilder.		

12. Auf der Fotomesse.

a) Hören Sie das Gespräch.

b) Beschreiben Sie den Video Walkman.

Was kann man mit dem Video Walkman machen?
Wer kann den Walkman gut gebrauchen?
Warum ist der Walkman praktisch?
Wie funktioniert der Walkman?

den Kindern Filme zeigen

zu Hause an den Fernseher anschließen

Batterie

filmen

klein

im Urlaub

Strom aus der Steckdose

leicht

in jede Handtasche passen

auf der Reise

den Kunden Produkte zeigen

Filme aufnehmen und sehen

fernsehen

zu Hause

Videokassetten so klein
wie Musikkassetten

Akku

Jetzt bin ich viel glücklicher!

Das war Rüdiger Maaß vor drei Jahren. Da hatte er noch seine Bäckerei mit Café in Hamburg. Er hatte seine Arbeit, er hatte viel Geld, er hatte eine attraktive Frau, eine Stadtwohnung mit Blick auf die Binnenalster und einen teuren Sportwagen. Und heute? Heute lebt er in einem Dorf in Ostfriesland. Er hat nur wenig Geld, den Sportwagen hat er verkauft, er lebt allein. Was ist passiert?

Unsere Mitarbeiterin Paula Diebel hat mit ihm gesprochen.

Paula Diebel: Herr Maaß, Sie waren in Hamburg sehr erfolgreich. Sie haben fantastisch verdient, Ihr Café war bekannt und immer gut besucht, auch in Ihrer Bäckerei waren immer Kunden. Warum sind Sie jetzt hier?
Rüdiger Maaß: Es war eigentlich ein Zufall. Ich habe das Bauernhaus hier geerbt, von einer Tante. Ich habe einen Brief vom Notar bekommen und in dem Moment habe ich gewusst: Das Leben in der Stadt ist nichts für mich. Die Bäckerei und das Café, die Arbeit, der Stress jeden Tag – das alles war ganz falsch.
P.D.: Und bevor Sie das Haus geerbt haben – waren Sie da noch zufrieden?
Rüdiger Maaß: Ich habe eigentlich nie über mein Leben nachgedacht. Ich habe immer gedacht, es muss so sein. Morgens um vier hat

der Wecker geklingelt, da bin ich aufgestanden, jeden Tag, auch Samstag und Sonntag. Feierabend war erst um 19 Uhr, und meine Arbeitswoche hatte sieben Tage. Ich hatte eigentlich überhaupt keine Freizeit.
P.D.: Und was hat Ihre Frau dazu gesagt?
Rüdiger Maaß: Ihr hat das überhaupt nicht gefallen. Sie hat immer wieder zu mir gesagt: „Irgendwann reicht es mir, dann gehe ich weg." Ich habe immer gedacht, sie sagt das nur so, und dann war sie plötzlich wirklich weg.
P.D.: Und was haben Sie da gemacht?
Rüdiger Maaß: Nicht viel. Wir haben noch ein paar Mal telefoniert. Dann haben auch meine Probleme mit der Gesundheit angefangen. Magenschmerzen, Kopfschmerzen, Schlafstörungen. Ich habe immer mehr Medikamente genommen. Zum Schluss bin ich nur noch mit Schlafmitteln eingeschlafen.
P.D.: Und dieses Haus hier hat dann alles verändert?

Rüdiger Maaß: Ja. Verrückt, nicht? Aber ich habe sofort gewusst: „Das ist es! Das ist meine Chance!" Die Bäckerei und das Café habe ich einfach verkauft. Es geht mir jetzt sehr viel besser, ich bin zufriedener und gesünder. Die Luft hier ist viel sauberer als in Hamburg.
P.D.: Und das Geld reicht Ihnen?
Rüdiger Maaß: Ja, es reicht. Ich lebe hier sehr billig. Ich brauche fast nichts, nur manchmal ein Buch oder eine Schallplatte. Ich habe nicht einmal ein Telefon im Haus. Und die Garage ist leer, ich fahre nur noch mit dem Fahrrad, „Schnell, schneller, am schnellsten" – das ist vorbei. Mein Motto heute heißt: „Nur kein Stress!"
P.D.: Was haben Ihre Freunde gesagt zu Ihrem Umzug aufs Land?
Rüdiger Maaß: Na ja, die meisten können das nicht verstehen. „Bäcker-Bauer" nennen sie mich. Aber das ist mir egal. Ich bin übrigens kein Bauer. Meine Tante hatte schon lange keine Kühe mehr, nur noch ein paar Hühner und einen Hund, und die habe ich behalten. Zwei Schafe habe ich auch und ein Pferd; das mag ich am liebsten.
P.D.: Ist Ihnen nie langweilig, so allein hier?
Rüdiger Maaß: Nein, Langeweile kenne ich nicht. Mit dem Garten und den Tieren habe ich von März bis Oktober immer eine Beschäftigung. Und ich habe Freunde hier. Allein war ich früher, in Hamburg – hier nicht!

13. Wie hat Rüdiger Maaß früher gelebt?

§ 21

Heute	Früher
– hat er ein Bauernhaus.	– hatte er eine Bäckerei.
– gefällt ihm sein Leben besser.	– hat sein Leben ihm…
– kann er länger schlafen.	– hat der Wecker…
– muss er nicht mehr arbeiten.	– hatte er…
– ist er gesünder.	– hat er…
– nimmt er keine Medikamente mehr.	– hat er…
– ist sein Motto: „Nur kein Stress."	– war sein…

	Komparativ	Superlativ
gern	lieber	am liebsten
gut	besser	am besten
viel	mehr	am meisten

14. Was sagen die Leute?

Hören Sie zu und ergänzen Sie.
Was ist für die Leute am wichtigsten?

2 27

A: „Ich bin am liebsten zu Hause vor meinem _____."
B: „Mit meinem _____ kann ich am besten spielen."
C: „Das _____ ist für mich am wichtigsten."
D: „Ohne meine _____ kann ich nicht leben."
E: „Am wichtigsten ist für mich die _____."
F: „Mein _____ ist mir am wichtigsten."

15. Und Sie? Was ist für Sie wichtig?

…ist mir	sehr wichtig am wichtigsten nicht wichtig	…finde ich	sehr wichtig unwichtig völlig überflüssig
…brauche ich	unbedingt jeden Tag nicht nie	ohne…kann ich nicht	leben arbeiten einschlafen …

Schreibmaschine Walkman Klavier Auto Uhr Radio

Pfeife Kaffeemaschine

Fotoapparat Bücherregal Fernseher Computer Hund

Motorrad

Telefon Garten Geschirrspüler Bücher Mikrowelle Musik

5

2 **28**

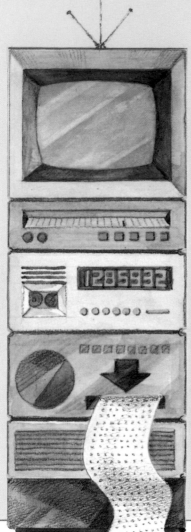

Der große Mediovideoaudiotelemax

Der große Mediovideoaudiotelemax,
meine Damen und Herren,
ist technisch perfekt
und kann einfach alles.
Er kann rechnen,
Sie selber
brauchen also nicht mehr rechnen.
Er kann hören,
Sie selber
brauchen also nicht mehr hören.
Er kann sehen,
Sie selber
brauchen also nicht mehr sehen.
Er kann sprechen,
Sie selber
brauchen also nicht mehr sprechen.
Er kann sogar denken,
Sie selber
brauchen also nicht mal mehr denken.
Der große Medioaudiovideotelemax,
meine Damen und Herren,
ist einfach vollkommen.
Verlassen Sie sich
auf den großen Mediovideoaudiotelemax,
meine Damen und Herren,
und finden Sie endlich Zeit
für
sich selber.

1. Deutschland, Österreich, die Schweiz: Was ist das für Sie?

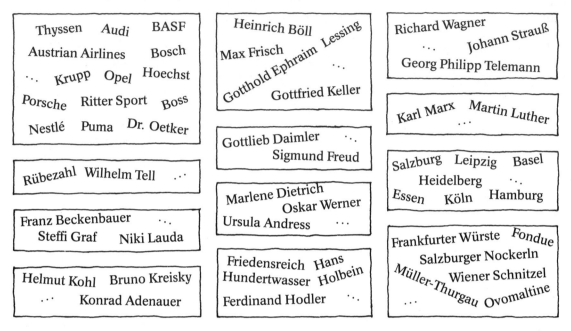

Thyssen Audi BASF
Austrian Airlines Bosch
·· Krupp Opel Hoechst
Porsche Ritter Sport Boss
Nestlé Puma Dr. Oetker

Rübezahl Wilhelm Tell ··

Franz Beckenbauer ··
Steffi Graf Niki Lauda

Helmut Kohl Bruno Kreisky
··· Konrad Adenauer

Heinrich Böll
Max Frisch
Gotthold Ephraim Lessing ··
Gottfried Keller

Gottlieb Daimler ··
Sigmund Freud

Marlene Dietrich
Oskar Werner
Ursula Andress ···

Friedensreich Hans
Hundertwasser Holbein
Ferdinand Hodler ··

Richard Wagner
··· Johann Strauß
Georg Philipp Telemann

Karl Marx Martin Luther
···

Salzburg Leipzig Basel
Heidelberg ··
Essen Köln Hamburg

Frankfurter Würste Fondue
Salzburger Nockerln
Müller-Thurgau Wiener Schnitzel
··· Ovomaltine

2. Was kennen Sie außerdem? Berichten Sie.

Sie können auch ein Fragespiel machen: „Was ist…?"/„Wer war…?"/„Wie heißt…?"/…

…ist	die Hauptstadt von	Deutschland
	eine Stadt in	Österreich
	eine Firma in	der Schweiz
	eine Fluglinie in	
	ein Gericht aus	
	…	

…stellt	Lebensmittel	her
	Autos	
	Stahlprodukte	
	Chemieprodukte	
	Elektrogeräte	
	Motorräder	
	Sportkleidung	
	…	

…ist	Schriftsteller/Maler
…war	Komponist/Politiker
	Sportlerin/Schauspieler
	Wissenschaftler
	…
	Deutsche/Deutscher
	Österreicherin/Österreicher
	Schweizerin/Schweizer

…hat	…geschrieben
	…komponiert
	…gemalt
	…gespielt
	…erfunden
	…entdeckt

3. Personen-Quiz: Große Namen

a) Hören Sie zu. Welche Daten gehören zu Person Nr. 1?

Person
Nr. 1

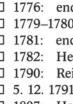

Person
Nr. 2

☐ 28. 8. 1749: in Frankfurt am Main geboren
☐ 27. 1. 1756: in Salzburg geboren
☐ Sein Vater war Beamter.
☐ Sein Vater war Komponist.
☐ 1768: Studium in Leipzig
☐ 1769–1771: Reise nach Italien
☐ 1770–1771: Studium in Straßburg
☐ 1771–1779: Salzburg
☐ 1776: endgültig in Weimar
☐ 1779–1780: Reise in die Schweiz
☐ 1781: endgültig in Wien
☐ 1782: Heirat
☐ 1790: Reise nach Italien
☐ 5. 12. 1791: in Wien gestorben
☐ 1807: Heirat
☐ 1815: Minister
☐ 22. 3. 1832: in Weimar gestorben
☐ Werke: z. B. „Die Zauberflöte", Krönungsmesse, Jupiter-Sinfonie
☐ Werke: z. B. Werther, Faust, Wilhelm Meister

b) Wie heißt die Person Nr. 1?

c) Die anderen Daten gehören zu Person Nr. 2. Wie heißt diese Person? (Lösungen Seite 147)

d) Erzählen Sie:
„Am ... ist ... in ... geboren. Sein Vater war .... Im Jahr ... hat ... eine Reise ... gemacht.
..."

4. Machen Sie selbst ein Quiz.

Wählen Sie eine berühmte Person. Suchen Sie Informationen im Lexikon.

Fangen Sie z. B. so an:
„Meine Person ist eine Frau.
Sie ist am ... in ... geboren."
Machen sie nach jeder Information eine
Pause; da können die anderen raten.
Geben Sie höchstens acht Informationen.

Das Datum

der **erste** Januar – am **ersten** Januar
der zwei**te** Januar – am zwei**ten** Januar

Die Jahreszahlen

1749: siebzehnhundertneunundvierzig
1996: neunzehnhundertsechsundneunzig

§ 10

Deutsch spricht man in Deutschland, Österreich, in einem Teil der Schweiz, im Fürstentum Liechtenstein und – neben Französisch und Luxemburgisch – im Großherzogtum Luxemburg. Aber auch in anderen Ländern gibt es Bevölkerungsgruppen, die Deutsch sprechen, in Europa zum Beispiel in Frankreich, Belgien, Dänemark, Italien, Polen und in der GUS.

Deutschland, Österreich und die Schweiz sind föderative Staaten. Die „Schweizerische Eidgenossenschaft" („Confœderatio Helvetica" – daher das Autokennzeichen CH) besteht aus 26 Kantonen, die Republik Österreich („Austria", Autokennzeichen A) aus 9 Bundesländern und die Bundesrepublik Deutschland aus 16 Bundesländern. Ein Kuriosum: Die Städte Bremen, Hamburg und Berlin sind auch Bundesländer.

§ 4

In der Schweiz gibt es vier offizielle Sprachen. Französisch spricht man im Westen des Landes, Italienisch vor allem im Tessin, Rätoromanisch in einem Teil des Kantons Graubünden und Deutsch im großen Rest des Landes. Die offizielle Sprache Deutschlands und Österreichs ist Deutsch, aber es gibt auch Sprachen von Minderheiten: Friesisch an der deutschen Nordseeküste, Dänisch in Schleswig-Holstein, Sorbisch in Sachsen und Slowenisch und Kroatisch im Süden Österreichs.

Natürlich ist die deutsche Sprache nicht überall gleich: Im Norden klingt sie anders als im Süden, im Osten sprechen die Menschen mit einem anderen Akzent als im Westen. In vielen Gebieten ist auch der Dialekt noch sehr lebendig. Aber Hochdeutsch versteht man überall.

Die deutschsprachigen Länder

DÄNEMARK

Nordsee
Kiel
Schleswig-Holstein

Hamburg

NIEDER-LANDE

Bremen

Niedersachsen

Hannover

Elbe

BUNDESREPUBLIK

Nordrhein-Westfalen

Düsseldorf

Erfurt
Thüringe

Hessen

BELGIEN

Rhein

Rheinland-Pfalz

Wiesbaden

LUXEM-BURG

Mainz

DEUTSCHLAND

Saarland
Saarbrücken

Stuttgart

FRANKREICH

Rhein

Baden-Württemberg

Bodensee
Basel
Zürich
Bregenz
Vorarlberg
Tiro

Bern **SCHWEIZ**

Genfersee

Graubünden

Wallis **Tessin**

ITALIEN

Der Genitiv

der Kanton	in einem Teil **des** Kantons
die Schweiz	in einem Teil **der** Schweiz
das Land	im großen Rest **des** Landes

Ostsee

Mecklenburg-
Vorpommern

Schwerin

POLEN

Oder

Berlin

Potsdam

Magdeburg

Brandenburg

Elbe

Sachsen-
halt

Sachsen

Dresden

TSCHECHISCHE
REPUBLIK

Donau

Bayern

Niederösterreich

Linz   Donau   Wien

München   Oberösterreich   St. Pölten

Eisenstadt

Salzburg   ÖSTERREICH

Burgenland   UNGARN

Innsbruck   Salzburg   Steiermark

Graz

Kärnten

Klagenfurt

FÜRSTENTUM
LIECHTENSTEIN   SLOWENIEN

5. Berichten Sie: Sprachen in Ihrem Land.

In ... spricht man ...
Die offizielle Sprache ist ...
Aber es gibt auch ...
Die meisten Leute sprechen ...

6. Welche Informationen gibt die Land-karte?

a) Ergänzen Sie die Sätze.
   Das größte deutsche Bundesland ist ...
   Düsseldorf ist die Hauptstadt von ...
   Schleswig-Holstein liegt zwischen der ...
   und der ...
   Salzburg ist der Name einer Stadt und
   eines ... in Österreich.
   Das Fürstentum Liechtenstein hat eine
   Grenze zu ... und zu ...

b) Beantworten Sie die Fragen.
   – Wie viele Nachbarländer hat die
     Bundesrepublik Deutschland? Wie
     heißen sie?
   – Was meinen Sie: Welche deutschen
     Bundesländer gehören
     zu | Norddeutschland?
        | Westdeutschland?
        | Ostdeutschland?
        | Süddeutschland?

§ 7

   – Welche Bundesländer haben eine
     Grenze zu | Polen?
                | Frankreich?
                | Ungarn?

   – Welche Bundesländer haben keine
     Grenzen zum Ausland?
   – Welche Bundesländer haben eine
     Küste?
   – Durch welche Bundesländer fließt die
     Elbe?
   – Durch welche Staaten fließt | der Rhein?
                                  | die Donau?

c) Suchen Sie weitere Informationen.

Wahrzeichen

1. Die größte Kirche in Deutschland ist der Kölner Dom. 1248 hat man mit dem Bau angefangen; erst 1880 war er fertig. (Von 1560 bis 1842 hat man aber nicht weitergebaut.)

2. Diesen modernen Konzertsaal, die Philharmonie, nennen die Berliner „Zirkus Karajani": Herbert von Karajan war bis zu seinem Tod im Juli 1989 Chef der Berliner Philharmoniker.

3. Das ist die Sankt-Michaeliskirche in Hamburg. Die Hamburger nennen sie einfach den „Michel". Auch der Hafen ist ein Wahrzeichen dieser Stadt.

4. Das Hofbräuhaus braut schon seit 1589 Bier, aber das Gebäude ist vom Ende des 19. Jahrhunderts. Bis zu 30 000 Gäste pro Tag trinken hier ihr Bier und singen: „In München steht ein Hofbräuhaus…"

5. In Dresden steht der Zwinger, ein Barockschloss aus den Jahren 1710 bis 1732. Nach dem Krieg war der Zwinger zerstört, seit 1964 kann man ihn wieder besichtigen.

6. Der Zeitglockenturm, „de Zytglogge", wie die Schweizer sagen, steht in der Altstadt von Bern. Jede Stunde kommen die Touristen und bewundern die astronomische Uhr.

7. Dieses Riesenrad im Wiener Prater hat der Engländer W. B. Basset in nur acht Monaten gebaut. Es ist 61 Meter hoch. Im Juni 1897 sind die Wiener zum ersten Mal darin gefahren.

8. Frankfurt am Main ist nicht nur als Messestadt berühmt. Frankfurts Wahrzeichen ist der Römerberg mit seinen historischen Häusern. Der „Römer" ist der Sitz des Stadtparlaments.

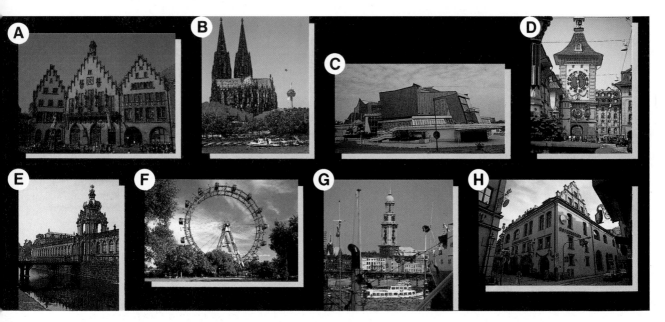

7. Bilder und Texte – was passt zusammen?

Bild	A	B	C	D	E	F	G	H
Text								

8. Deutsch aus acht Regionen.

a) Lesen Sie den Dialog.

○ Guten Tag, entschuldigen Sie bitte...
□ Guten Tag.
○ Wie komme ich bitte zu...?
□ Ja, also, das ist ganz einfach. Passen Sie auf:
   Sie gehen hier geradeaus bis zum Gasthaus.
   Sehen Sie das?
○ Ja...
□ Gut. Da gehen Sie links und dann
   die zweite Straße rechts.
   Und dann sind Sie schon vor...
○ Vielen Dank.
□ Bitte schön.
○ Auf Wiedersehen.
□ Auf Wiedersehen.

b) Hören Sie jetzt 8 Varianten des Dialogs. Wo spielen sie?

Dialog 1: _____   Dialog 5: _____
Dialog 2: _____   Dialog 6: _____
Dialog 3: _____   Dialog 7: _____
Dialog 4: _____   Dialog 8: _____

Dresden Frankfurt Berlin Bern
Wien München Köln Hamburg

2 30

c) Wo sagt man...?

...statt „Guten Tag":	...statt „Auf Wiedersehen":	...statt „Gasthaus":
Grüessech! in _____	Tschüs! in _____	Beisl in _____
Grüß Gott! in _____	Servus! in _____	Kneipe in _____
Moin! in _____	Uf Widerluege! in _____	Wirtshaus in _____

9. Eine Sache – viele Namen:

Frikadelle
Bulette (Berlin)
Grillette (Ostdeutschland)
Fleischpflanzerl (Bayern)
Fleischlaberl (Österreich)
Fleischchüechli (Schweiz)

Brötchen
Mutschli/Semmeli (Schweiz)
Semmel (Süddeutschland, Österreich)
Schrippe (Berlin)

Schlagsahne
Schlagrahm (Süddeutschland)
Gschwungne Nidel (Schweiz)
Schlagobers (Österreich)

Pfannkuchen
Reibeplätzchen (Westdeutschland)
Reiberdatschi (Österreich und Bayern)
Kartoffelpuffer (Westfalen)
Gromperekichelcher (Luxemburg)

Kennen Sie andere Beispiele (auch in Ihrer Sprache?)

Das „Herz Europas"

Blau liegt er vor uns, der Bodensee – ein Bindeglied für vier Nationen: für seine Uferstaaten Deutschland, die Schweiz und Österreich, und – ganz in der Nähe – Liechtenstein. 150 Kilometer des Ufers gehören zu Baden-Württemberg, 18 km zu Bayern, 29 km zu Österreich und 69 km zur Schweiz.

Hier praktiziert man schon lange die Vereinigung Europas. Wie selbstverständlich fährt man von Konstanz aus mal kurz ins schweizerische Gottlieben zum Essen; die Österreicher können zu Fuß zum Oktoberfest nach Lindau gehen; die Schweizer kommen mit der Fähre nach Friedrichshafen zum Einkaufen. Das war schon vor 100 Jahren so. Damals haben Bodensee-Hoteliers den „Internationalen Bodensee-Verkehrsverein" (IBV) gegründet. Und der existiert heute noch.

Der Bodensee ist 538 Quadratkilometer groß. Zwischen Bodman in Deutschland und Bregenz in Österreich ist er 63 Kilometer lang,

10. Zahlen im Text. – Ergänzen Sie.

§ 18

2:   Es gibt zwei ...
3:   Die drei Staaten .... Es gibt drei ...
4:   ...

14:   ...   150:   ...
18:   ...   200:   ...
29:   ...   252:   ...
63:   ...   300:   ...
69:   ...   538:   ...
100:   ...   1064:   ...

Präpositionen mit Akkusativ:

Der Rhein fließt   **durch den See.**
Es gibt Berge (rund) **um den See.**

zwischen Friedrichshafen und Romanshorn in der Schweiz 14 Kilometer breit. Am tiefsten ist er südlich von Immenstaad: 252 Meter. Durch den Bodensee fließt der Rhein. Außerdem fließen mehr als zweihundert weitere Flüsse und Bäche in den See. Der Wanderweg um den Bodensee ist 316 Kilometer lang, der Radweg ungefähr 300 km.

Es gibt zwei Autofähren (Konstanz-Meersburg und Friedrichshafen-Romanshorn), und zwischen Mai und Oktober kann man mit dem Schiff praktisch jede Stadt und jedes Dorf am Bodensee erreichen. Die Schifffahrtslinien betreiben die drei Staaten gemeinsam. Drei große Inseln gibt es im See: Reichenau, Mainau und die Stadt Lindau.

Die deutsch-schweizerische Grenze liegt zwischen Konstanz und Kreuzlingen, die österreichisch-schweizerische zwischen Bregenz und Rorschach und die deutsch-österreichische zwischen Lindau und Bregenz. Berge gibt es überall rund um den See. Südlich des Bodensees fangen die Alpen an. Am schönsten ist der Blick auf den See vom Pfänder (1064 m hoch).

11. In welchem Land liegt...?

Rorschach?   Kreuzlingen?   der Pfänder?   Hagnau?

Bodman?   Friedrichshafen?   Meersburg?

Bregenz?   Konstanz?   Uhldingen?   Romanshorn?

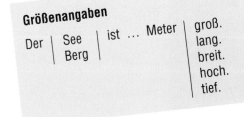

Größenangaben

Der	See / Berg	ist ... Meter	groß. lang. breit. hoch. tief.

12. Urlaub am Bodensee.

a) Hören Sie zu und
kreuzen Sie an.

2 31

Herr Grasser ist
☐ Liechtensteiner
☐ Schweizer
☐ Luxemburger

Seit wann macht er Urlaub
am Bodensee?
☐ seit einem Jahr
☐ seit neun Jahren
☐ seit zehn Jahren

Wo hat er früher Urlaub
gemacht?
☐ an der Nordsee
☐ an der Côte d'Azur
☐ in den Alpen

Was isst er gern?
☐ Fisch aus dem Bodensee
☐ Fisch aus dem Rhein
☐ Fisch aus der Mosel

Was trinkt er gern?
☐ Weißwein aus Meersburg
☐ Rotwein aus Hagnau
☐ Schnaps aus Lindau

Was macht er am liebsten?
☐ wandern
☐ segeln
☐ Rad fahren

Wie wohnt er?
☐ in einer Pension
☐ in einem Hotel
☐ in einem Appartement

b) Über welche Sehenswürdigkeiten spricht Herr Grasser außerdem? Kreuzen Sie an.

Zur „Blumeninsel" Mainau
kommt man über eine Brücke.
Hier wachsen Palmen, Kakteen
und Orchideen. ☐

Die Bregenzer Festspiele: Auf der
Seebühne spielt man „Die Zauberflöte". ☐

Das Zeppelin-Museum in Friedrichshafen: Am 2. 7. 1900 ist hier
der erste Zeppelin geflogen. ☐

Ein Pfahlbaudorf bei Unteruhl-
dingen: So haben die Menschen
hier vor 6000 Jahren gelebt. ☐

Das Kloster Birnau: Auch heute
noch arbeiten die Mönche im
Weinbau. ☐

Der Rheinfall bei Schaffhausen:
Der Rhein fällt hier 21 Meter tief.
☐

Liebe in Berlin

Otto	Inge – ick muss dir wat sahrn …
Inge	Wat denn?
Otto	Tja, wie soll ick det jetzt sahrn …
Inge	Weeß ick ooch nich.
Otto	Ick wollte dir sahrn, weeßte … also, ick liebe dir.
Inge	Mir?
Otto	Ährlich!
Inge	Det is dufte, wie de det sahrst, aba det is nich janz richtich.
Otto	Wat denn – gloobste mir det nich?
Inge	Doch, ick gloob dir det, aba det is nich janz richtich, vastehste.
Otto	Nee.
Inge	Du sahrst, ick liebe dir, un det is falsch, vastehste.
Otto	Nee, aba det is mir jetzt ooch ejal.
Inge	Na ja, wenn ick dir ejal bin …
Otto	Nee, Inge, du bis mir nich ejal, ick hab dir doch jesacht, det ick dir liebe.
Inge	Ja, aba det is falsch, det du mir liebst. Ick meene …
Otto	Ick vastehe, ick soll dir richtich lieben!
Inge	Jenau! Siehste, Otto, un jetzt liebe ick dir ooch.

Grammatikübersicht

Artikel und Nomen

§ 1 Nominativ

		definiter Artikel		indefiniter Artikel positiv		indefiniter Artikel negativ	
Singular	Maskulinum	der	Tisch	ein	Tisch	kein	Tisch
	Femininum	die	Lampe	eine	Lampe	keine	Lampe
	Neutrum	das	Bild	ein	Bild	kein	Bild
Plural	Maskulinum	die	Tische	–	Tische	keine	Tische
	Femininum	die	Lampen	–	Lampen	keine	Lampen
	Neutrum	die	Bilder	–	Bilder	keine	Bilder

⚠ *Artikel im Plural: Maskulinum = Femininum = Neutrum*

§ 2 Akkusativ

		definiter Artikel		indefiniter Artikel positiv		indefiniter Artikel negativ	
Singular	Maskulinum	den	Salat	einen	Salat	keinen	Salat
	Femininum	die	Suppe	eine	Suppe	keine	Suppe
	Neutrum	das	Ei	ein	Ei	kein	Ei
Plural	Maskulinum	die	Salate	–	Salate	keine	Salate
	Femininum	die	Suppen	–	Suppen	keine	Suppen
	Neutrum	die	Eier	–	Eier	keine	Eier

Zum Vergleich:

	Nominativ				*Akkusativ*	
Das ist	ein	Tisch,		Ich kaufe	einen	Tisch.
das ist	kein	Stuhl.		Ich brauche	keinen	Stuhl.
	Der	Tisch	kostet 100 €.	Ich nehme	den	Tisch.
Das ist	eine	Lampe,		Ich kaufe	eine	Lampe.
das ist	keine	Kamera.		Ich brauche	keine	Kamera.
	Die	Lampe	ist praktisch.	Ich nehme	die	Lampe.
Das ist	ein	Bild,		Ich kaufe	ein	Bild.
das ist	kein	Foto.		Ich brauche	kein	Foto.
	Das	Bild	ist neu.	Ich nehme	das	Bild.
Das sind		Tische,		Ich kaufe		Tische.
das sind	keine	Stühle.		Ich brauche	keine	Stühle.
	Die	Tische	kosten 100 €.	Ich nehme	die	Tische.

§ 3 Dativ

		definiter Artikel		indefiniter Artikel			
				positiv		negativ	
Singular	Maskulinum	dem	Garten	einem	Garten	keinem	Garten
	Femininum	der	Terrasse	einer	Terrasse	keiner	Terrasse
	Neutrum	dem	Fenster	einem	Fenster	keinem	Fenster
Plural	Maskulinum	den	Gärten	–	Gärten	keinen	Gärten
	Femininum	den	Terrassen	–	Terrassen	keinen	Terrassen
	Neutrum	den	Fenstern	–	Fenstern	keinen	Fenstern

Zum Vergleich:

Nominativ   *Dativ*

Der Garten	ist groß.	Die Kinder spielen in	dem	Garten	(im Garten).
Die Terrasse	ist neu.	Die Kinder spielen auf	der	Terrasse.	
Das Fenster	ist groß.	Die Kinder spielen an	dem	Fenster	(am Fenster).
Die Fenster	sind groß.	Die Kinder spielen an	den	Fenstern.	

⚠ *Dativ Plural:* Nomen + -(e)n; *Ausnahme: Nomen mit Plural auf* -s: in den Autos

§ 4 Genitiv

		definiter Artikel		indefiniter Artikel			
				positiv		negativ	
Singular	Maskulinum	des	Malers	eines	Malers	keines	Malers
	Femininum	der	Stadt	einer	Stadt	keiner	Stadt
	Neutrum	des	Landes	eines	Landes	keines	Landes
Plural	Maskulinum	der	Maler			keiner	Maler
	Femininum	der	Städte		*	keiner	Städte
	Neutrum	der	Länder			keiner	Länder

⚠ * *Form existiert nicht;*
stattdessen: von + Dativ: *Die Bilder von Malern des 19. Jahrhunderts...*

Zum Vergleich:

Nominativ   *Genitiv*

Der Maler	lebt in Deutschland.	Die Bilder	des	Malers	sind berühmt.
Die Stadt	heißt Köln.	Das Wahrzeichen	der	Stadt	ist der Dom.
Das Land	liegt in Europa.	Die Hauptstadt	des	Landes	ist Bern.
Die Länder	liegen in Europa.	Die Hauptstädte	der	Länder	sind berühmt.

§ 5 Übersicht: Definiter Artikel und Nomen

	Mask.	Fem.	Neutr.	Pural
Nominativ	der Mann	die Frau	das Kind	die Männer / Frauen / Kinder
Akkusativ	den Mann	die Frau	das Kind	die Männer / Frauen / Kinder
Dativ	dem Mann	der Frau	dem Kind	den Männern / Frauen / Kindern
Genitiv	des Mannes	der Frau	des Kindes	der Männer / Frauen / Kinder

§ 6 Possessivartikel

a) Zum Vergleich:

		Maskulinum	Femininum	Neutrum		Plural
		ein Tisch	eine Uhr	ein Bild		– Bilder
ich	Das ist	mein Tisch	meine Uhr	mein Bild	Das sind	meine Bilder
du:	Das ist	dein Tisch	deine Uhr	dein Bild	Das sind	deine Bilder
er	Das ist	sein Tisch	seine Uhr	sein Bild	Das sind	seine Bilder
sie:	Das ist	ihr Tisch	ihre Uhr	ihr Bild	Das sind	ihre Bilder
Sie	Das ist	Ihr Tisch	Ihre Uhr	Ihr Bild	Das sind	Ihre Bilder

⚠

er:	sein – Tisch	sie:	ihr – Tisch
	sein e Uhr		ihr e Uhr

b) Übersicht:

	Nominativ			Akkusativ			Dativ			Genitiv		
ich:	mein			mein			mein			mein		
du:	dein			dein			dein			dein		
Sie:	Ihr			Ihr			Ihr			Ihr		
er:	sein			sein			sein			sein		
sie:	ihr	–	Tisch	ihr	en	Tisch	ihr	em	Tisch	ihr	es	Tisches
es:	sein	e	Uhr	sein	e	Uhr	sein	er	Uhr	sein	er	Uhr
		–	Bild		–	Bild		em	Bild		es	Bildes
wir:	unser			unser			unser			unser		
ihr:	euer*			euer*			euer*			euer*		
Sie:	Ihr			Ihr			Ihr			Ihr		
sie:	ihr			ihr			ihr			ihr		

⚠ * Man sagt: eure Uhr, euren Tisch usw.; aber: euer Tisch, euer Bild usw.

§ 7 Frageartikel: Welcher?

Der	Fluss fließt durch Hamburg.
Welcher	Fluss fließt durch Hamburg?
Die	Sportlerin hat gewonnen.
Welche	Sportlerin hat gewonnen?
Das	Bundesland hat keine Küste.
Welches	Bundesland hat keine Küste?
Die	Bundesländer haben keine Küste.
Welche	Bundesländer haben keine Küste?

	Maskul.	*Femin.*	*Neutrum*	*Plural*
Nom.	welcher	welche	welches	welche
Akk.	welchen	welche	welches	welche
Dat.	welchem	welcher	welchem	welchen
Gen.	welches	welcher	welches	welcher

§ 8 Null-Artikel und Mengenangaben

				Null-Artikel	*+ Nomen*
Was trinkt	Herr Martens?		Er trinkt		Kaffee.
Was isst	Herr Martens?		Er isst		Suppe.
Was kauft	Herr Martens?		Er kauft		Kartoffeln.

					Mengenangaben + Nomen	
Wie viel	Kaffee	trinkt	Herr Martens?	Er trinkt	zwei Tassen	Kaffee.
Wie viel	Suppe	isst	Herr Martens?	Er isst	einen Teller	Suppe.
Wie viel	Kartoffeln	kauft	Herr Martens?	Er kauft	ein Kilogramm	Kartoffeln.

Man sagt auch:
Ich nehme einen Kaffee. (= eine Tasse Kaffee); ...eine Suppe (= einen Teller Suppe)

§ 9   Pluralformen

Darstellung in der Wortliste

Genus der Nomen

r Tisch = de<u>r</u> Tisch
e Lampe = di<u>e</u> Lampe
s Foto   = da<u>s</u> Foto

Genus und Plural

r Tisch, -e   = der Tisch, die Tisch<u>e</u>
e Lampe, -n   = die Lampe, die Lampe<u>n</u>
s Foto, -s   = das Foto, die Foto<u>s</u>

Plural der Nomen

Plural-zeichen	*Singular-Form*	*Plural-Form*
-e ¨e	Tisch Stuhl	Tisch<u>e</u> St<u>üh</u>le
-n -en	Lampe Uhr	Lampe<u>n</u> Uhr<u>en</u>
– ¨	Stecker Mutter	Stecker M<u>ü</u>tter
-er ¨er	Bild Land	Bild<u>er</u> L<u>änd</u>er
-s	Foto	Foto<u>s</u>

§ 10   Ländernamen

Ländernamen ohne Artikel:

Ich fahre nach | Deutschland
Österreich
Frankreich
Dänemark
...
Afrika
Europa
...

Ich komme aus | Deutschland
Österreich
Frankreich
Dänemark
...
Afrika
Europa
...

Ländernamen mit Artikel:

Ich fahre <u>in</u> | <u>die</u> Bundesrepublik Deutschland
<u>die</u> Schweiz
<u>die</u> Türkei
<u>die</u> GUS *(Singular!)*
<u>die</u> USA *(Plural!)*
<u>die</u> Niederlande *(Plural!)*
...

Ich komme <u>aus</u> | <u>der</u> Bundesrepublik Deutschland
<u>der</u> Schweiz
<u>der</u> Türkei
<u>der</u> GUS *(Singular!)*
<u>den</u> USA *(Plural!)*
<u>den</u> Niederlanden *(Plural!)*

Pronomen

§ 11   Personalpronomen

		Nominativ	*Akkusativ*	*Dativ*
Singular	1. Person	ich	mich	mir
	2. Person	du	dich	dir
	Höflichkeitsform	Sie	Sie	Ihnen
	3. Person Mask.	er	ihn	ihm
	Fem.	sie	sie	ihr
	Neutr.	es	es	ihm
Plural	1. Person	wir	uns	uns
	2. Person	ihr	euch	euch
	Höflichkeitsform	Sie	Sie	Ihnen
	3. Person	sie	sie	ihnen

§ 12   Definitpronomen

	definiter Artikel		*Definitpronomen*	
			Nominativ	*Akkusativ*
Maskulinum	der	Schrank	der	den
Femininum	die	Kommode	die	die
Neutrum	das	Regal	das	das
Plural	die	Stühle	die	die

Zum Vergleich:

Definiter Artikel – Definitpronomen – Personalpronomen

Der Schrank hier,	ist der nicht schön?	– Ja. Aber er ist teuer.
Die Kommode hier,	ist die nicht schön?	– Ja. Aber sie ist teuer.
Das Regal hier,	ist das nicht schön?	– Ja. Aber es ist teuer.

Siehst du den Schrank?	Wie findest du den?	Ich finde ihn schön.
Siehst du die Kommode?	Wie findest du die?	Ich finde sie schön.
Siehst du das Regal?	Wie findest du das?	Ich finde es schön.

§ 13 Indefinitpronomen

	indefiniter Artikel		Indefinitpronomen (positiv/negativ)	
			Nominativ	Akkusativ
Maskulinum	ein	Schrank	einer / keiner	einen / keinen
Femininum	eine	Kommode	eine / keine	eine / keine
Neutrum	ein	Regal	eins / keins	eins / keins
Plural	–	Stühle	welche / keine	welche / keine

Ist das <u>ein</u> Schrank? – Ja, das ist <u>einer</u>. / Nein, das ist <u>keiner</u>.
Haben Sie <u>einen</u> Schrank? – Ja, ich habe <u>einen</u>. / Nein, ich habe <u>keinen</u>.

⚠️ *Plural:* Haben Sie <u>Regale</u>? – Ja, ich habe <u>welche</u>. / Nein, ich habe <u>keine</u>.

§ 14 Generalisierende Indefinitpronomen

			Nominativ		Akkusativ
Personen	positiv	Dort ist	jemand.	Ich sehe	jemanden.
	negativ	Dort ist	niemand.	Ich sehe	niemanden.
Sachen	positiv	Dort ist	etwas.	Ich sehe	etwas.
	negativ	Dort ist	nichts.	Ich sehe	nichts.

Präpositionen

§ 15 Lokale Präpositionen

vor   neben   an   hinter   von   nach

unter   in   auf   über   gegen

aus   zu   um   durch   zwischen

§ 16 Wechselpräpositionen

a) Zum Vergleich:

Wo? *(situativ)*

Wo ist Michael?	Er ist	auf dem Balkon.
	Er ist	an der Tür.
	Er ist	in dem Haus.

auf
an   + *Dativ*
in

⚠ in dem → im: (Er ist in dem Haus.) → Er ist im Haus.
  an dem → am: (Er ist an dem Fenster.) → Er ist am Fenster.

Wohin? *(direktiv)*

Wohin geht Michael?	Er geht	auf den Balkon.
	Er geht	an die Tür.
	Er geht	in das Haus.

auf
an   + *Akkusativ*
in

⚠ in das → ins: (Er geht in das Haus.) → Er geht ins Haus.
  an das → ans: (Er geht an das Fenster.) → Er geht ans Fenster.

b) Übersicht: Alle Wechselpräpositionen

| an | auf | hinter | in | neben | über | unter | vor | zwischen |

Dativ → wo?   *Akkusativ* → wohin?

Die Kinder sind	im	Bett.	Er bringt Eva	ins	Bett.
Michael steht	am	Fenster.	Er geht	ans	Fenster.
Die Bücher liegen	auf dem	Tisch.	Er tut die Bücher	auf den	Tisch.
Der Bär ist	unter der	Brücke.	Er geht	unter die	Brücke.
Das Flugzeug ist	über der	Stadt.	Es fliegt	über die	Stadt.
Karin steht	vor dem	Haus.	Sie geht	vor das	Haus.
Die Kinder spielen	hinter dem	Haus.	Sie gehen	hinter das	Haus.
Das Auto steht	neben der	Kirche.	Es fährt	neben die	Kirche.
Der Tisch steht	zwischen dem	Schrank	Stell den Tisch	zwischen den	Schrank
	und dem	Bett.		und das	Bett.

⚠ in dem → im: Er ist im Haus.
  an dem → am: Er ist am Fenster.

in das → ins: Er geht ins Haus.
an das → ans: Er geht ans Fenster.

§ 17 Präpositionen mit Dativ

aus	bei	mit	nach	seit	von	zu

Dativ

aus:	Michael kommt	aus	dcm Haus.	(woher?)
bei:	Karin ist	beim	Arzt.	(wo?/bei wem?)
mit:	Inge fährt	mit	dem Freund in Urlaub.	(mit wem?)
nach:	Berlin war	nach	dem Krieg zerstört.	(wann?)
seit:	Frau Wieland ist	seit	zehn Tagen krank.	(seit wann?)
von:	Frau E. bekommt	vom	Arzt Penizillin.	(von wem?)
zu:	Cornelia geht noch	zur	Schule.	(wohin?)

⚠️ bei dem → beim   zu dem → zum
   von dem → vom   zu der → zur

§ 18 Präpositionen mit Akkusativ

durch	für	gegen	ohne	um

Akkusativ

durch:	Michael fährt	durch	die Stadt.	(wie?)
für:	Die Kommode ist	für	den Flur.	(wofür?)
gegen:	Karin nimmt eine Tablette	gegen	die Kopfschmerzen.	(wogegen?)
ohne:	Inge fährt	ohne	den Freund in Urlaub.	(ohne wen?)
um:	Es gibt einen Wanderweg	um	den Bodensee.	(wo?)

§ 19 Die Uhrzeit

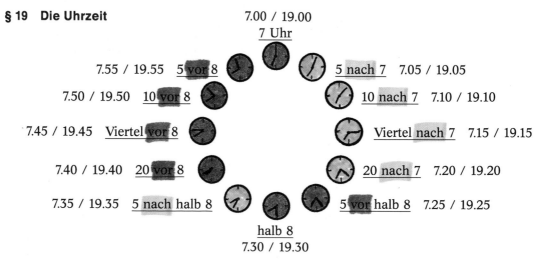

7.00 / 19.00
7 Uhr

7.55 / 19.55   5 vor 8   5 nach 7   7.05 / 19.05
7.50 / 19.50   10 vor 8   10 nach 7   7.10 / 19.10
7.45 / 19.45   Viertel vor 8   Viertel nach 7   7.15 / 19.15
7.40 / 19.40   20 vor 8   20 nach 7   7.20 / 19.20
7.35 / 19.35   5 nach halb 8   5 vor halb 8   7.25 / 19.25

halb 8
7.30 / 19.30

Wie spät	ist es?	Es ist	halb drei.
Wie viel Uhr			fünf nach halb drei.
			Viertel vor drei.

Wann	kommst du?	Ich komme um	neun Uhr.
Um wie viel Uhr			fünf nach neun
			Viertel nach neun.

Adjektiv/Adverb

§ 20 Formen

Der Schrank	ist	groß.	Ich finde den Schrank	groß.
Die Kommode	ist	billig.	Ich finde die Kommode	billig.
Das Regal	ist	gut.	Ich finde das Regal	gut.
Die Regale	sind	teuer.	Ich finde die Regale	teuer.

§ 21 Steigerung

regelmäßig

Positiv	Komparativ	Superlativ
	___er	am ___(e)sten
klein	kleiner	am kleinsten
hell	heller	am hellsten
wenig	weniger	am wenigsten
schmal	schmaler	am schmalsten
dünn	dünner	am dünnsten
schön	schöner	am schönsten
leise	leiser	am leisesten
dunkel	dun_k_ler (!)	am dunkelsten
sauer	sa_u_rer (!)	am sauersten
teuer	te_u_rer (!)	am teuersten

mit Vokalwechsel

Positiv	Komparativ	Superlativ
	___er	am ___(e)sten
alt	älter	am ältesten
kalt	kälter	am kältesten
hart	härter	am härtesten
warm	wärmer	am wärmsten
lang	länger	am längsten
scharf	schärfer	am schärfsten
stark	stärker	am stärksten
groß	größer	am größten (!)
hoch	hö_h_er (!)	am höchsten
kurz	kürzer	am kürzesten

unregelmäßig

Positiv	Komparativ	Superlativ
gut	besser	am besten
gern	lieber	am liebsten
viel	mehr	am meisten

Verb

§ 22 Personalpronomen und Verb

Singular	1. Person		ich	wohne	**–e**	arbeite	heiße
	2. Person		du	wohnst	**–st**	arbeitest	heißt
	Höflichkeitsform		Sie	wohnen	–en	arbeiten	heißen
	3. Person Mask.		er				
	Fem.		sie	wohnt	**–t**	arbeitet	heißt
	Neutr.		es				
Plural	1. Person		wir	wohnen	**–en**	arbeiten	heißen
	2. Person		ihr	wohnt	**–t**	arbeitet	heißt
	Höflichkeitsform		Sie	wohnen	–en	arbeiten	heißen
	3. Person		sie	wohnen	**–en**	arbeiten	heißen

§ 23 Verben mit Vokalwechsel

	sprechen	nehmen	essen	sehen	schlafen	laufen
ich	spreche	nehme	esse	sehe	schlafe	laufe
du	sprichst	nimmst	isst	siehst	schläfst	läufst
er/sie/es	spricht	nimmt	isst	sieht	schläft	läuft
wir	sprechen	nehmen	essen	sehen	schlafen	laufen
ihr	sprecht	nehmt	esst	seht	schlaft	lauft
sie/Sie	sprechen	nehmen	essen	sehen	schlafen	laufen

ebenso: helfen, messen, lesen, fahren, geben, vergessen, empfehlen, fallen...

⚠ *Angaben zum Vokalwechsel im Wörterverzeichnis!*

§ 24 „sein", „haben", „tun", „werden", „mögen", „wissen"

	sein	haben	tun	werden	mögen	wissen
ich	bin	habe	tue	werde	mag	weiß
du	bist	hast	tust	wirst	magst	weißt
er/sie/es	ist	hat	tut	wird	mag	weiß
wir	sind	haben	tun	werden	mögen	wissen
ihr	seid	habt	tut	werdet	mögt	wisst
sie/Sie	sind	haben	tun	werden	mögen	wissen

§ 25 Modalverben

	möchten	können	dürfen	müssen	wollen	sollen
ich	möchte	kann	darf	muss	will	soll
du	möchtest	kannst	darfst	musst	willst	sollst
er/sie/es	möchte	kann	darf	muss	will	soll
wir	möchten	können	dürfen	müssen	wollen	sollen
ihr	möchtet	könnt	dürft	müsst	wollt	sollt
sie/Sie	möchten	können	dürfen	müssen	wollen	sollen

§ 26 Imperativ

	kommen	warten	nehmen	anfangen	sein
Sie:	Kommen Sie!	Warten Sie!	Nehmen Sie!	Fangen Sie an!	Seien Sie ...!
du:	Komm!	Warte!	Nimm!	Fang an!	Sei ...!
ihr:	Kommt!	Wartet!	Nehmt!	Fangt an!	Seid ...!

§ 27 Verben mit trennbarem Verbzusatz

Er <u>muss</u> das Zimmer auf räumen.   Er räumt das Zimmer auf .

Er <u>hat</u> das Zimmer auf geräumt.   Räum das Zimmer auf !

↑
Verbzusatz (betont)

<u>ab</u>fahren	<u>an</u>fangen	<u>auf</u>hören	<u>aus</u>sehen	<u>ein</u>kaufen	<u>statt</u>finden
<u>her</u>stellen	<u>hin</u>fallen	<u>mit</u>bringen	<u>nach</u>denken	<u>zu</u>hören	<u>zurück</u>bringen
<u>um</u>ziehen	<u>vor</u>haben	<u>weg</u>fahren	<u>weiter</u>suchen	<u>fern</u>sehen	

§ 28 Präteritum: „haben", „sein"

	haben	sein
ich	hatte	war
du	hattest	warst
er/sie/es	hatte	war
wir	hatten	waren
ihr	hattet	wart
sie/Sie	hatten	waren

Zum Vergleich: Präteritum / Perfekt

Er <u>hatte</u> einen Unfall.   *(Präteritum)*
Er <u>hat</u> einen Unfall <u>gehabt</u>.   *(Perfekt)*

Er <u>war</u> in Italien.   *(Präteritum)*
Er <u>ist</u> in Italien <u>gewesen</u>.   *(Perfekt)*

§ 29 Perfekt: Hilfsverb und Partizip II

Was	hast	du	gemacht	?
Was	ist	denn	passiert	?

↑   ↑

Hilfsverb   + *Partizip II*
haben / sein

ich	habe	gespielt	bin	gekommen
du	hast	gespielt	bist	gekommen
er/sie/es	hat	gespielt	ist	gekommen
wir	haben	gespielt	sind	gekommen
ihr	habt	gespielt	seid	gekommen
sie/Sie	haben	gespielt	sind	gekommen

§ 30 Perfekt mit „haben" oder „sein": Partizipformen

Schwache Verben:

		t
ge		t
ge		t

bezahlen		bezahl	t
verkaufen		verkauf	t
studieren		studier	t
...			
spielen		ge spiel	t
arbeiten		ge arbeit	et
denken	Er hat	ge dach	t*
bringen		ge brach	t*
...			
aufräumen		auf ge räum	t
einkaufen		ein ge kauf	t
...			
wandern	Er ist	ge wander	t
passieren	Es ist	passier	t
...			

Starke Verben:

		en
ge		en
ge		en

bekommen		bekomm	en
gewinnen		gewonn	en
verbieten		verbot	en
...			
helfen		ge holf	en
schreien		ge schri	en
essen	Er hat	ge gess	en*
stehen		ge stand	en*
...			
fernsehen		fern ge seh	en
anfangen		an ge fang	en
...			
fallen		ge fall	en
gehen	Er ist	ge gang	en
aufstehen		auf ge stand	en

 *unregelmäßige Formen: → Wortliste S. 148 ff.

Satzstrukturen

§ 31 Wortfrage

Vorfeld	*Verb*	*Subjekt*	*Angabe*	*Ergänzung*
Wer	ist	Herr Müller?		
Wer	ist	das?		
Wie	heißen	Sie?		
Woher	kommen	Sie?		
Wo	wohnen	Sie?		

§ 32 Satzfrage

Vorfeld	Verb	Subjekt	Angabe	Ergänzung
bleibt leer!	Ist	das		Maja Matter?
	Ist	Maja		verheiratet?
	Wohnt	sie		in Brienz?
	Hat	sie	auch	zwei Kinder?
	Sind	die Kinder	noch	klein?

§ 33 Aussagesatz

a) Im Vorfeld: Subjekt

Vorfeld	Verb	Subjekt	Angabe	Ergänzung
Das	ist			Frau Wiechert.
Sie	kommt			aus Dortmund.
Herr Kaiser	isst		morgens	ein Brötchen.
Er	trinkt		danach	einen Kaffee.
Ich	esse		oft	Fisch.
Ich	trinke		gern	Kaffee.

b) Im Vorfeld: Angabe

Vorfeld	Verb	Subjekt	Angabe	Ergänzung
Morgens	isst	Herr K.		ein Brötchen.
Danach	trinkt	er		einen Kaffee.

c) Im Vorfeld: Ergänzung

Vorfeld	Verb	Subjekt	Angabe	Ergänzung
Fisch	esse	ich	oft.	
Kaffee	trinke	ich	gern.	

§ 34 Imperativ

Vorfeld	Verb	Subjekt	Angabe	Ergänzung
bleibt leer!	Nehmen	Sie	doch noch	etwas Fisch!
	Nimm		doch noch	etwas Fleisch!
	Nehmt		doch noch	einen Tee!

§ 35 Modalverben

Vorfeld	Verb$_1$	Subj.	Angabe	Ergänzung	Verb$_2$
Man	kann		hier	einen Film	sehen.
Hier	darf	man	nicht		rauchen.
Wir	müssen		noch eine Stunde		warten.
Rauchen	darf	man	hier nicht.		

Modalverb ↑ (unter Verb$_1$)   Infinitiv ↑ (unter Verb$_2$)

§ 36 Verben mit trennbarem Verbzusatz

Vorfeld	Verb$_1$	Subj.	Angabe	Ergänzung	Verb$_2$
Willi	bereitet		um acht Uhr	das Frühstück	vor.
Jetzt	steht	Ilona			auf.
Klaus	sieht		heute Abend		fern.

Verbzusatz ↑ (unter Verb$_2$)

Mit Modalverb:

Vorfeld	Verb$_1$	Subj.	Angabe	Ergänzung	Verb$_2$
Willi	muss		um acht Uhr	das Frühstück	vorbereiten.
Jetzt	muss	Ilona			aufstehen.
Klaus	möchte		heute Abend		fernsehen.

§ 37 Perfekt

	Vorfeld	Verb$_1$	Subjekt	Angabe	Ergänzung	Verb$_2$
Präsens:	Lisa	spielt			Fußball.	
	Plötzlich	fällt	sie			hin.
	Dann	steht	sie	wieder		auf.
	Der Arzt	kommt		auch.		
Perfekt:	Lisa	hat			Fußball	gespielt.
	Plötzlich	ist	sie			hingefallen.
	Dann	ist	sie	wieder		aufgestanden.
	Der Arzt	ist		auch		gekommen.

haben/sein ↑ (unter Verb$_1$)   Partizip II ↑ (unter Verb$_2$)

§ 38   Verben mit zwei Ergänzungen

Vorfeld	Verb₁	Subjekt	Ergänzung	Angabe	Ergänzung	Verb₂
Herr Winter	muss		Anna		in die Schule	bringen.
Um 7.50 Uhr	bringt	er	sie		in die Schule.	
Du	musst		den Schal	immer	in den Schrank	tun.
	Tu		den Schal		in den Schrank!	
Die Mutter	kauft		dem Kind	heute	ein Fahrrad.	
Das Fahrrad	will	sie	ihm	morgen		schenken.

Verben und Ergänzungen

§ 39   Verben ohne Ergänzung

aufstehen   schlafen
aufwachen   schreien
einschlafen   sterben

hinfallen   wachsen
passieren   weinen
                   wiederkommen

Wer
Was

schreit?
wächst?
stirbt?

Das Kind   schreit.
Die Blume   wächst.
Der Mann   stirbt.
    ↑
  Subjekt

§.40   Verben mit Ergänzung im Nominativ (Einordnung, Gleichsetzung, Qualität)

Wer?	sein	Wer ist das?
Was?	sein	Was ist er?
	werden	Was wird er?
Wie?	heißen	Wie heißt sie?
	sein	Wie ist sie?
	aussehen	Wie sieht sie aus?

Hans Müller	sein	Das	ist	Hans Müller.	
Ingenieur	sein	Er	ist	Ingenieur.	
Landwirt	werden	Er	wird	Landwirt.	
Maja Matter	heißen	Sie	heißt	Maja Matter.	
verheiratet	sein	Sie	ist	verheiratet.	
gut	aussehen	Sie	sieht	gut	aus.

§ 41 Verben mit Akkusativergänzung

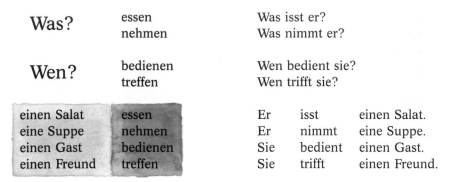

Was?	essen	Was isst er?
	nehmen	Was nimmt er?

Wen?	bedienen	Wen bedient sie?
	treffen	Wen trifft sie?

einen Salat	essen	Er	isst	einen Salat.
eine Suppe	nehmen	Er	nimmt	eine Suppe.
einen Gast	bedienen	Sie	bedient	einen Gast.
einen Freund	treffen	Sie	trifft	einen Freund.

Weitere Verben mit Akkusativergänzung:
anrufen, anziehen, aufräumen, bekommen, brauchen, einladen, erkennen, erledigen, finden, haben, holen, kaufen, kennen, kosten, lesen, lieben, mitnehmen, reparieren, schneiden, sehen, suchen, tragen, trinken, vergessen, wissen

⚠ es gibt + *Akkusativ:* Es gibt heute keinen Fisch.

§ 42 Verben mit Dativergänzung

Wem?	antworten	Wem antwortet er?
	fehlen	Wem fehlt sie?
	gehören	Wem gehört das?
	helfen	Wem hilft sie?
	schmecken	Wem schmeckt es?

dem Lehrer	antworten	Er	antwortet	dem Lehrer.
ihm	fehlen	Sie	fehlt	ihm.
dir	gehören	Das	gehört	dir.
ihrer Freundin	helfen	Sie	hilft	ihrer Freundin.
mir	schmecken	Es	schmeckt	mir.

Weitere Verben mit Dativergänzung:
gefallen, passen, reichen

§ 43 Verben mit Dativergänzung und Akkusativergänzung

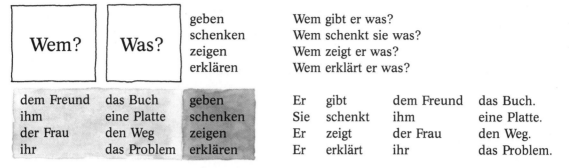

Wem?	Was?	geben		Wem gibt er was?
		schenken		Wem schenkt sie was?
		zeigen		Wem zeigt er was?
		erklären		Wem erklärt er was?

dem Freund	das Buch	geben	Er	gibt	dem Freund	das Buch.
ihm	eine Platte	schenken	Sie	schenkt	ihm	eine Platte.
der Frau	den Weg	zeigen	Er	zeigt	der Frau	den Weg.
ihr	das Problem	erklären	Er	erklärt	ihr	das Problem.

Weitere Verben mit Dativergänzung und Akkusativergänzung:
bringen, leihen, empfehlen, verbieten

§ 44 Verben mit Situativergänzung

Wo?	sein	Wo ist er?
	wohnen	Wo wohnt er?
	stehen	Wo steht er?
	liegen	Wo liegt sie?
	sitzen	Wo sitzt sie?

in Deutschland	sein	Er	ist	in Deutschland.
in Berlin	wohnen	Er	wohnt	in Berlin.
vor der Post	stehen	Er	steht	vor der Post.
im Bett	liegen	Sie	liegt	im Bett.
auf dem Stuhl	sitzen	Sie	sitzt	auf dem Stuhl.

§ 45 Verben mit Direktivergänzung

Wohin?	gehen	Wohin geht sie?
	fahren	Wohin fährt er?
	fliegen	Wohin fliegt sie?
Woher?	kommen	Woher kommt sie?

zur Post	gehen	Sie	geht	zur Post.
nach Hause	fahren	Er	fährt	nach Hause.
nach Berlin	fliegen	Sie	fliegt	nach Berlin.
aus Köln	kommen	Sie	kommt	aus Köln.

§ 46 Verben mit Akkusativergänzung und Direktivergänzung

Was?	Wohin?		
		legen	Was legt er wohin?
		stellen	Was stellt sie wohin?
		tun	Was tut er wohin?
		bringen	Was bringt er wohin?
Wen?	Wohin?	bringen	Wen bringt er wohin?

das Kissen	auf den Stuhl	legen		Er	legt	das Kissen	auf den Stuhl.
die Tasche	auf den Tisch	stellen		Sie	stellt	die Tasche	auf den Tisch.
den Schal	in den Schrank	tun		Er	tut	den Schal	in den Schrank.
das Kind	zur Schule	bringen		Er	bringt	das Kind	zur Schule.

§ 47 Verben mit Verbativergänzung

	Was tun?		
		gehen	Was geht er tun?
Was?	Was tun?	lassen	Was lässt sie was tun?

	spazieren	gehen	Er	geht		spazieren.
das Auto	waschen	lassen	Sie	lässt	das Auto	waschen.

Negation

§ 48 Negation mit „nicht" und mit „keine"

Negation mit nicht

Ich komme	nicht.	
Der Stuhl ist	nicht	da.
Ich trinke den Wein	nicht.	

Negation mit kein

Ich habe	keine	Zeit.
Das ist	kein	Stuhl.
Ich trinke	keinen	Wein.

Vorfeld	Verb	Subjekt	Ergänzung	Angabe	Ergänzung
Ich	komme			morgen nicht.	
Morgen	komme	ich		nicht.	
Ich	trinke		den Wein	nicht.	
Den Wein	trinke	ich		nicht.	
Heute	trinke	ich			keinen Wein.
Ich	habe			heute	keine Zeit.

Lösungen

zu Seite 12, Übung 11: Wie weiter?

1 – 3 – 5 – 7 – 9 – 11 – 13 – 15 ... 95 – 97 – 99
30 – 28 – 26 – 24 – 22 – 20 – 18 ... 6 – 4 – 2 – 0
11 – 22 – 33 – 44 – 55 – 66 – 77 – 88 – 99
98 – 87 – 76 – 65 – 54 – 43 – 32 – 21 – 10
50 – 60 – 40 – 70 – 30 – 80 – 20 – 90 – 10 – 100 – 0

zu Seite 13, Übung 12: Was meinen Sie?

Julia Omelas Cunha kommt aus Brasilien.
Victoria Roncart kommt aus Frankreich.
Farbin Halim kommt aus Indien.
Kota Oikawa kommt aus Japan.
Sven Gustafsson kommt aus Schweden.

zu Seite 18, Übung 19: Wo sind die Tramper?

Etwa beim Autobahnkreuz Kassel–Würzburg / Frankfurt–Erfurt.

zu Seite 119, Übung 3: Personen-Quiz

Die Person Nr. 1 heißt Wolfgang Amadeus Mozart.
Die Person Nr. 2 heißt Johann Wolfgang von Goethe.

Alphabetische Wortliste

Hier finden Sie alle Wörter, die in diesem Buch vorkommen, mit Angabe der Seiten. (Den „Lernwortschatz" finden Sie im Arbeitsbuch jeweils auf der ersten Seite der Lektionen.) Einige zusammengesetzte Wörter (Komposita) stehen nur als Teilwörter in der Liste.

Bei Nomen stehen der Artikel und die Pluralform; Nomen ohne Angabe der Pluralform benützt man nicht im Plural. Die Artikel sind abgekürzt: r = der, e = die, s = das.

Bei Verben stehen Hinweise zu den Ergänzungen und abweichende Konjugationsformen für „er" / „sie" / „es" und das Partizip Perfekt.

Abkürzungen:

jmd	= jemand	*Adj*	= Adjektiv/Adverb als Ergänzung im Nominativ
etw	= etwas	*Sit*	= Situativergänzung
N	= Nominativ	*Dir*	= Direktivergänzung
A	= Akkusativ	*Verb*	= Verbativergänzung
D	= Dativ		

ab 62
Abend 53, 54, 83, 91
r Abend, -e 9, 40, 51, 72
abends 35, 55, 112
aber 14, 17, 26, 42, 58, 63, 74, 84
ab·fahren fährt ab, ist abgefahren 88
e Abfahrt 98
r Abfall, ⸚e 26
ab·heben *Geld_A* hat abgehoben 95
ab·holen *jmd_A* / *etw_A* (*Sit*) 86, 87, 89
r Abschnitt, -e 113
ab·stellen *etw_A* 85
e Achtung 52
e Adresse, -n 10, 90
ähnlich 29, 42
aktuell 112
r Akzent, -e 120
r Alkohol 42, 61
alle 13, 30, 42, 67, 101
allein 87, 88, 89
alles 32, 66, 90, 103, 116
allgemein 69
als 37, 40
also 20, 53, 92, 96, 97
alt 14, 40, 58
s Alter 14
alternativ 68
e Ampel, -n 104
an 20, 28, 64, 72, 96
ander- 72, 119, 120
anders 103, 120
r Anfang, ⸚e 122
an·fangen fängt an, hat angefangen 52, 53, 114, 119

r Anfänger, - 79
e Angst, ⸚e 74, 89
an·halten (*etw_A*) hält an, hat angehalten 88, 89
an·kreuzen *etw_A* 71, 126
an·nähen *etw_A* 85
an·rufen *jmd_A* hat angerufen 62, 75, 85, 89, 109
an·schauen *jmd_A* / *etw_A* 63, 99
an·schließen *etw_A* hat angeschlossen 90, 91, 113
an·sehen *jmd_A* / *etw_A* sieht an, hat angesehen 54, 91
e Ansichtskarte, -n 55
an·stellen *etw_A* 85
e Antenne, -n 64, 112
s Antibiotikum, Antibiotika 72
e Antwort, -en 31, 72
antworten *jmd_D* (*auf etw_A*) 31, 36, 54, 109
e Anzeige, -n 41, 113
an·ziehen *jmd_A* / *etw_A* hat angezogen 51, 86
r Apfel, ⸚ 37, 41
e Apotheke, -n 72, 93, 94
r Apparat, -e 26, 28, 115
s Appartement, -s 64, 126
r Appetit 80
e Arbeit, -en 39, 50, 58, 62
arbeiten 13, 14, 20, 47, 54, 70, 81
arbeitslos 103
e Architektur 102
r Ärger 66
arm 69, 103
r Arm, -e 70
e Armee, -n 102
s Arzneimittel, - 95

e Arzthelferin, -nen 63
e Ärztin, -nen / r Arzt, ⸚e 15, 48, 69, 72, 114
astronomisch 122
e Atmosphäre 103
attraktiv 114
auch 9, 29, 32, 42, 55
auf 8, 47, 64, 95, 99
auf einmal 88, 89
auf·bauen *etw_A* 102
auf·hängen *etw_A* (*Sit*) 64
auf·hören (*mit etw_D*) 49, 55
auf·machen *etw_A* 49
auf·nehmen *jmd_A* / *etw_A* (*auf etw_A*) nimmt auf, hat aufgenommen 113
auf·passen (*auf jmd_A* / *etw_A*) 123
auf·räumen *etw_A* 50, 54, 70, 77, 81, 85, 86
auf·schlagen *etw_A* schlägt auf, hat aufgeschlagen 97
r Aufschnitt 41
auf·stehen ist aufgestanden 47, 70, 77, 79, 106, 108
auf·wachen ist aufgewacht 74, 88, 89
r Aufzug, ⸚e 62
s Auge, -n 70
aus 13, 25
r Ausflug, ⸚e 52, 55, 67
aus·geben *Geld_A* gibt aus, hat ausgegeben 48, 55
e Auskunft, ⸚e 101
s Ausland 121
r Ausländer, - 13, 103
aus·machen *etw_A* 85

grau 103
e Grenze, -n 101, 121, 125
grillen *etw*$_A$ 64
e Grippe 71
groß 42, 52, 60, 102, 110
e Großstadt, ¨e 114
grün 42
e Gruppe, -n 31, 101, 103, 120
grüß dich 83
grüß Gott 123
r Gruß, ¨e 55, 66
gucken *(Dir)* 61
günstig 63
e Gurke, -n 37, 41
gut 7, 8, 9, 15, 17, 49, 53, 55, 75,
   110
s Gut, ¨er 69
e Gymnastik 52

haben *etw*$_A$ hat, hat gehabt 14,
   42, 54, 78
r Hafen, ¨ 122
r Hahn, ¨e 21, 23
s Hähnchen 35, 37
halb 51, 53, 84
s Hallenbad, ¨er 67
r Hals, ¨e 70, 72, 73, 105, 106
halten: links halten hält, hat ge-
   halten 104
e Haltestelle, -n 86
r Hamburger, - 35
e Hand, ¨e 71
r Handschuh, -e 78
e Handtasche, -n 113
r Handwerker, - 90
hart 40, 74
hässlich 60
häufig 74
Haupt- 40, 118, 121
s Haus, ¨er 28, 62, 63, 66, 114,
   123
e Hausaufgaben (Plural) 87
e Hausfrau, -en 14, 63, 108
r Haushalt, -e 28
r Hausmeister, - 62
s Haustier, -e 64
s Heim, -e 66
e Heirat 119
heiraten *(jmd*$_A$*)* 82, 83, 84, 105
heiß 74
heißen *Name*$_N$ hat geheißen 7
e Heizung, -en 62, 85
hektisch 103

helfen *jmd*$_D$ *(bei / mit etw*$_D$*)*
   hilft, hat geholfen 74, 90, 107,
   114
hell 42, 58, 66, 110
r Helm, -e 28
herb 42
r Herd, -e 22, 25, 26
r Herr, -en 7, 116
herrlich 55
her·stellen *etw*$_A$ 64, 118
herum 104
s Herz, -en 124
herzlich 55, 66, 109
heute 32, 48, 52, 53, 90, 102, 114
hier 12, 17
High-Tech 112
e Hilfe 110
e Himbeere, -n 42
hin·fallen fällt hin, ist hingefallen 76
hinter 99
hinunter·fallen fällt hinunter, ist
   hinuntergefallen 84
historisch 122
s Hobby, -s 14, 15, 57, 58
hoch 42, 98, 110, 122
s Hochdeutsch 120
s Hochhaus, ¨er 66, 104
höchste 69
höchstens 74, 119
r Hof, ¨e 64
e Hoffnung, -en 104
holen *etw*$_A$ 51, 77, 96
s Holz 110
r Honig 74
hören *etw*$_A$ 11, 45, 47, 81, 84,
   116
e Hörprobe, -n 123
r Hörtext, -e 38
e Hose, -n 78
s Hotel, -s 67, 93, 94, 112, 126
r Hotelier, -s 124
s Huhn, ¨er 114
r Hund, -e 106, 114
r Husten 71

ich 7
e Idee, -n 28, 56
identisch 75
Ihr 10
ihr 13, 18, 31
immer 55, 63, 66, 68, 70, 97
e Immobilie, -n 62
in 10, 95, 102

in Ordnung 53
e Industrie, -n 67
e Information, -en 67, 112, 119,
   121
informieren *jmd*$_A$ *(über etw*$_A$*)*
   64
e Ingenieurin, -nen / r Ingenieur,
   -e 14, 108
e Innenstadt, ¨e 101
e Insel, -n 67, 103, 126
interessant 32, 68, 80, 103
s Interesse, -n 103
international 13, 124
s Interview, -s 36, 66
irgend- 92, 114
s Italienisch 120

ja 8, 17, 73
e Jacke, -n 89
s Jahr, -e 14, 26, 42, 62, 124
e Jahreszahl, -en 119
s Jahrhundert, -e 122
japanisch 117
e Jazzband, -s 75
jeder 42, 70, 84, 122
jemand 47
jetzt 14, 16, 61
r (s) Joghurt 41
r Journalist, -en 102
s Jubiläum, Jubiläen 105, 108
r Jugendliche, -n (ein Jugendli-
   cher) 103
r Junge, -n 14, 21, 107

s Kabarett, -s 56
r Kaffee 35, 81, 106, 108
s Kaffeehaus, ¨er 123
r Kaktus, Kakteen 126
r Kalender, - 52, 54, 111
kalt 37, 40, 63, 89
e Kamera, -s 21, 105, 106, 112
e Kamille 72, 74
r Kapitän, -e 52
kaputt 30, 108
kaputt·machen *etw*$_A$ 90
e Karte, -n 31, 66
e Kartoffel, -n 35, 37, 41
r Käse 35, 36, 37, 41
e Kassette, -n 30, 107, 113
e Katze, -n 85, 106
kaufen *etw*$_A$ 15, 96
e Kauffrau / r Kaufmann (Kauf-
   leute) 14, 17, 58, 82
kein 26

Quellennachweis

Seite 14: Heuernte: © Monique Jacot, Archiv Schweiz. Käseunion AG, Bern

Seite 16 „Ewald Hoppe": Werner Bönzli, Reichertshausen

Seite 24: Küchenschrank rechts, Spüle rechts, Küchenregal rechts: Leicht GmbH, Schwäbisch Gmünd; Lampe rechts: Häcker-Küchen GmbH, Rödinghausen

Seite 28: Damenschuh-Telefon: Albrecht Telefontechnik, Trittau; Helm-Fernseher: Philips GmbH, Hamburg; Parkuhr-Radio: Werner Bönzli, Reichertshausen

Seite 33: Wolfgang Isser, Ismaning

Seite 34/35: „Franz Kaiser": Werner Bönzli, Reichertshausen

Seite 43: Biergarten: © H. Weidner-Weiden/Superbild, München; Ehepaar (unten links): © SSI, Bavaria Bildagentur, Gauting

Seite 46/47: MS Europa, Hapag-Lloyd AG, Bremen

Seite 63: „Familie Höpke": Werner Bönzli, Reichertshausen

Seite 67: Ostseeinsel Hiddensee: Schöning & Co. + Gebrüder Schmidt, Lübeck; Strandhotel: Haus am Hügel, Kloster/Hiddensee

Seite 72: Foto: © Heinz Röhner, Bilderdienst Süddeutscher Verlag, München; Text nach „Leser fragen – Dr. Braun antwortet". Sprechstunde, VITAL 8/82

Seite 75: Fußballspiel: © Bernd Ducke/Superbild, München; „Jochen ist erkältet", „Roland hat Halsschmerzen", „Roland spielt Trompete": Wolfgang Isser, Ismaning

Seite 76/77: Wolfgang Isser, Ismaning

Seite 78: Start in die Skiferien: Werner Bönzli, Reichertshausen

Seite 89: Dirks Zeichnung: Werner Bönzli, Reichertshausen

Seite 98: ICC Berlin, Mauerrest, Gedächtniskirche: © Eric Bach/Superbild, Berlin; Fernsehturm: © G. Gräfenhain/Superbild, Berlin; Weltzeituhr, Humboldt-Denkmal: Werner Bönzli, Reichertshausen

Seite 102: Brandenburger Tor: Landesbildstelle Berlin; Alexanderplatz: © G. Gräfenhain/Superbild, Berlin; Karte „Transitwege": Werner Bönzli, Reichertshausen

Seite 103: Kurfürstendamm: © H. Bramaz/Superbild Berlin; Wohnungsnot: © ADN/dpa Frankfurt; Freizeit am See: Landesbildstelle Berlin

Seite 112: Video-Walkman: © Heiko Preller, Düsseldorf/SONY Deutschland

Seite 113: Video-Walkman: SONY Deutschland; einmontierte Fotos: Nachrichten: © Holzschneider/dpa Frankfurt; Sandkasten, Hausfassade: Werner Bönzli, Reichertshausen; Fotomesse: © Tschauner/dpa Frankfurt

Seite 117: Dr. Paul Schwarz, Landau

Seite 122: Zeitglockenturm: Verkehrsverein Bern; St.-Michaelis-Kirche: Tourismus-Zentrale, Hamburg; Römerberg: © M. Schultes, Offenbach/Verkehrsamt Frankfurt; Kölner Dom: © R. Rudolph/Verkehrsamt der Stadt Köln; Riesenrad Wien: © Mayer/ÖFV Wien; Zwinger in Dresden: Dieter Rauschmayer, Vaterstetten; Philharmonie Berlin: Werner Bönzli, Reichertshausen.

Seite 124: Reliefkarte Bodensee: entnommen dem Bodensee-Magazin, Konstanz

Seite 126: Tourist am Bodensee: Grasser, Luxemburg; Insel Mainau: Blumeninsel Mainau GmbH. Foto-Archiv; Seebühne Bregenz: Bregenzer Festspiele GmbH; Zeppelin-Museum: © Toni Schneiders, Lindau; Klosterkirche Birnau, Pfahlbaudorf: Fremdenverkehrsbetriebe, Uhldingen-Mühlhofen; Rheinfall bei Schaffhausen: Verkehrsbüro Schaffhausen, Schweiz

Alle oben nicht genannten Fotos (auf den Seiten 13 bis 17, 24, 28, 34/35, 40, 42, 43, 54, 58, 63, 66, 73 bis 75, 82, 83, 89, 108, 114, 119 und 122): Franz Specht, Melusinen-Verlag, München